PRÁTICAS
ESCOLARES
DE LETRAMENTO
LITERÁRIO

Dados Internacionais de Catalogação na Publicação (CIP)
(Câmara Brasileira do Livro, SP, Brasil)

Silva, Paulo Ricardo Moura da
  Práticas escolares de letramento literário : sugestões para leitura literária e produção textual / Paulo Ricardo Moura da Silva. – Petrópolis, RJ : Vozes, 2022.
  Bibliografia.
  ISBN 978-65-5713-493-1

  1. Leitores – Formação 2. Leitura 3. Letramento 4. Literatura – Estudo e ensino 5. Prática pedagógica 6. Textos – Produção I. Título.

21-87600   CDD-807

Índices para catálogo sistemático:
1. Leitura literária : Ensino   807
2. Literatura : Estudo e ensino   807

Cibele Maria Dias – Bibliotecária – CRB-8/9427

Paulo Ricardo Moura da Silva

PRÁTICAS ESCOLARES DE LETRAMENTO LITERÁRIO

Sugestões para
leitura literária
e produção textual

Petrópolis

© 2022, Editora Vozes Ltda.
Rua Frei Luís, 100
25689-900 Petrópolis, RJ
www.vozes.com.br
Brasil

Todos os direitos reservados. Nenhuma parte desta obra poderá ser reproduzida ou transmitida por qualquer forma e/ou quaisquer meios (eletrônico ou mecânico, incluindo fotocópia e gravação) ou arquivada em qualquer sistema ou banco de dados sem permissão escrita da editora.

CONSELHO EDITORIAL

Diretor
Gilberto Gonçalves Garcia

Editores
Aline dos Santos Carneiro
Edrian Josué Pasini
Marilac Loraine Oleniki
Welder Lancieri Marchini

Conselheiros
Francisco Morás
Ludovico Garmus
Teobaldo Heidemann
Volney J. Berkenbrock

Secretário executivo
Leonardo A.R.T. dos Santos

Editoração: Elaine Mayworm
Diagramação: Sheilandre Desenv. Gráfico
Revisão gráfica: Nilton Braz da Rocha
Capa: Felipe Souza | Aspectos

ISBN 978-65-5713-493-1

Este livro foi composto e impresso pela Editora Vozes Ltda.

Ninguém educa ninguém,
ninguém educa a si mesmo;
os homens se educam entre si,
mediatizados pelo mundo.

Paulo Freire

Sumário

Apresentação, 9

1 Algumas palavras sobre o letramento literário escolar, 13

   1.1 O letramento literário escolar como formação de leitores, 13

   1.2 Fundamentos educacionais para o letramento literário escolar, 32

2 A Palavra Acolhida e a Palavra Compartilhada: Sugestões para leitura literária, 41

   2.1 A relação como procedimento didático, 41

   2.2 A Palavra Acolhida: Procedimentos de leitura coletiva da obra literária, 44

   2.3 A Palavra Compartilhada: A roda de conversa como procedimento didático, 47

   2.4 Músicas com relações intertextuais com as literaturas brasileira e portuguesa, 55

   2.5 Filmes para discutir a importância da literatura e da leitura, 57

   2.6 Alguns filmes e documentários sobre escritores brasileiros, 58

3 A Palavra Criada: Sugestões para produção textual, 61

    3.1 Produção de obras literárias, 61

    3.2 Reelaboração de obras literárias, 67

    3.3 Produções textuais a partir de obras literárias, 72

4 Mais sugestões para o letramento literário escolar, 79

    4.1 Problematização sobre a historiografia literária e a periodização da literatura, 79

    4.2 Alternativas para o letramento literário escolar a partir da História da Literatura, 84

    4.3 Letramento literário escolar para além da sala de aula, 90

Perguntas frequentes, 97

Referências, 107

Apresentação

Este não é um livro de receitas para o sucesso pedagógico que tornará você um/a professor/a nota 10. Também não é um livro de regras fundamentais, que apontam o dedo para acusar os professores de práticas medíocres.

Este livro é uma oportunidade de compartilhar ideias que podem potencializar as práticas pedagógicas voltadas para a literatura, valorizando o potencial criativo e a autonomia dos professores. Não tenho a pretensão de fornecer a solução definitiva para os problemas do letramento literário na Educação Básica, porque essa transformação exige mais do que sugestões didáticas, uma vez que políticas públicas são, também, cruciais nesse processo. Entretanto, os aspectos didáticos são, sem dúvida, um dos fatores essenciais para as mudanças que precisam ser feitas em relação ao letramento literário escolar.

Como professor do Instituto Federal de Minas Gerais (IFMG), *campus* de Ouro Preto, minha experiência na Educação Básica está atrelada aos Cursos Técnicos Integrados ao Ensino Médio. Desse modo, as propostas apresentadas neste material de apoio pedagógico têm como horizonte balizador a realidade do Ensino Médio, em termos do trabalho pedagógico com adolescentes nas aulas da disciplina de Língua Portuguesa. Entretanto, acredito que professores do Ensino Fundamental podem encontrar, aqui, um conjunto de sugestões que pode ser repensado e reformulado, se necessário, de acordo com o contexto específico do Ensino Fundamental, ampliando, assim, o alcance das propostas.

Disponibilizo, ao final desta apresentação, o meu e-mail, para deixar aberto um canal de comunicação que possa servir para que os leitores possam compartilhar suas impressões sobre o livro, suas experiências pedagógicas a partir das sugestões apresentadas, suas histórias de vida como profissionais da Educação etc. Almejo ser um parceiro dos professores na luta diária por uma escola mais literária, mais poética, mais humana.

Nesses termos espero, com as gotas de esperança que nos fazem muito bem, poder suscitar reflexões e motivar transformações na prática pedagógica de muitos professores, que, assim como eu, acreditam na importância da leitura literária para a formação humana dos nossos estudantes. As alternativas propostas são fruto, inicialmente, de uma inquietação quanto ao modo como se pode desenvolver processos de ensino-

-aprendizagem mais efetivos no âmbito da Literatura, o que me levou a estudar a questão, a discutir a temática e a experimentar novos caminhos em minhas aulas. Desejo que outros professores possam, também, sentir a inquietude que nos mobiliza para as transformações necessárias, esperançados por concretizar uma educação verdadeiramente crítica e emancipatória.

Prof. Dr. Paulo Ricardo Moura da Silva
E-mail: paulo.moura@ifmg.edu.br

1

Algumas palavras sobre o letramento literário escolar

1.1 O letramento literário escolar como formação de leitores

A palavra "literatura" pode ser compreendida a partir de dois significados diferentes, como demonstram as frases a seguir: (i) "Eu sou professor de Literatura" e (ii) "Conceição Evaristo produz uma literatura importantíssima para nosso país". Na primeira frase, "Literatura", com letra maiúscula, refere-se aos estudos literários organizados como disciplina; já na segunda frase, "literatura", com letra minúscula, refere-se à arte literária produzida por escritores para um público leitor em um determinado contexto social.

A partir dessa diferenciação, podemos considerar quatro abordagens, pautadas nas principais relações entre Ensino e Literatura/literatura, que, de modo geral, são ou podem ser desenvolvidas na escola: (i) Ensino *através da* literatura, utilizando os textos literários apenas como pretexto para se estudar outros conteúdos, como, por exemplo, figuras de linguagem ou categorias morfossintáticas; (ii) Ensino *sobre* Literatura, cujo objetivo é ensinar e aprender aspectos fundamentais dos estudos literários, como, por exemplo, a História da Literatura, por meio da sucessão de escolas literárias; (iii) Ensino *para* literatura, que busca aproximar os estudantes das obras literárias e, por isso, centra-se na formação de leitores literários, sem desconsiderar a importância de se trabalhar, também, a escrita literária, ainda que não se tenha a pretensão de formar escritores profissionais; e (iv) Ensino *com* literatura, valendo-se das obras literárias para a elaboração de processos de ensino-aprendizagem interdisciplinares ou transdisciplinares, nos quais se constroem diálogos entre obras literárias e diferentes áreas do conhecimento.

As discussões das últimas décadas sobre as práticas pedagógicas em Literatura não recomendam as duas primeiras abordagens. Na primeira, as obras literárias são esvaziadas, sobretudo em sua dimensão estética, ao serem instrumentalizadas para o trabalho pedagógico com outros conteúdos. Quanto à segunda, o foco nos estudos literários, não raro, reduz as obras literárias à condição de exemplo de propriedades estéticas ou de características de movimentos literários. Dessa forma, privilegiam-se as duas últimas abordagens, para as quais a leitura da obra literária é um dos aspectos centrais do processo de ensino-aprendizagem.

A Base Nacional Comum Curricular (BNCC) propõe que, "em relação à literatura, a leitura do texto literário, que ocupa o centro do trabalho no Ensino Fundamental, deve permanecer nuclear também no Ensino Médio"[1]. A formação de leitores literários seria o principal objetivo das aulas de Literatura, que devem promover o letramento literário dos estudantes, por meio do desenvolvimento de práticas de leitura literária e produção textual em sala de aula.

Graça Paulino e Rildo Cosson definem o letramento literário "como o processo de apropriação da literatura enquanto construção literária de sentidos"[2]. A noção de apropriação, que se refere ao processo de tornar próprio, de incorporar como sua propriedade, nos parece problemática para a definição de letramento literário. Ainda que Paulino e Cosson admitam que "cada leitor tem o seu universo literário ao mesmo tempo que participa da construção, manutenção e transformação da literatura de sua comunidade"[3], apontando, assim,

---

1. BRASIL. Ministério da Educação. *Base Nacional Comum Curricular*. Brasília: MEC/SEB, 2017, p. 491.
2. PAULINO, G. & COSSON, R. "Letramento literário: Para viver a literatura dentro e fora da escola". In: ZILBERMAN, R. & RÖSING, T. (orgs.). *Escola e leitura*: Velha crise; novas alternativas. São Paulo: Global, 2009, p. 67-68 (grifos no original).
3. Ibid., p. 67.

para uma dimensão coletiva do letramento literário, o termo "apropriação", em nosso ponto de vista, remeteria demasiadamente à ideia de converter a literatura em um aspecto da individualidade dos leitores.

Nesses termos, preferimos conceber o letramento literário como o processo contínuo de inserção e participação ativa em práticas sociais concretas de leitura literária, a qual é compreendida como (re)construção coletiva de sentidos para obras literárias. Mais do que tornar próprio, o letramento literário torna a literatura um bem coletivo por meio de interações sociais constituídas *pelo* e *no* compartilhamento de sentidos.

A partir de tal concepção, é notável que o letramento literário não se restringe apenas à escola e, inclusive, é anterior a ela, ao se iniciar ainda no interior da família, durante a infância, com, por exemplo, a contação de histórias e as cantigas de ninar. Para além da escola e da universidade, os clubes de leitura, as feiras literárias, as plataformas digitais que oportunizam a produção, a circulação e a recepção de obras literárias também são exemplos de espaços socioculturais de letramento literário.

Um dos aspectos fundamentais para a discussão sobre letramento literário, sobretudo no âmbito escolar, diz respeito à concepção de leitor e, consequentemente, de leitura. Em termos metafóricos, o leitor não é um investigador que, com sua sagacidade, estaria à procura dos sentidos do texto literário; tampouco um arqueólogo, que escavaria a obra literária na busca por encontrar o sentido, porque não se trata de um elemento que está escondido, perdido ou camuflado e precisa ser achado pelo leitor habilidoso.

Na perspectiva do letramento literário, o leitor é um construtor do sentido, que estabelece um conjunto de interações *com* e *a partir do* texto literário em um determinado contexto social, de maneira que a leitura é sempre uma reescritura do texto literário, conforme afirma Terry Eagleton[4]. Não porque o leitor altere as palavras utilizadas pelo escritor, mas porque, ao longo do processo histórico, os leitores elaboram diferentes sentidos para o texto literário, possibilitando que a obra seja percebida de outros modos e, dessa forma, seja reinventada. O romance *Dom Casmurro* é um bom exemplo para se pensar essa questão: inicialmente, a discussão crítica, sob muitos aspectos, pautou-se na possível traição de Capitu, isto é, na tentativa de encontrar indícios que pudessem confirmar ou não o adultério. Entretanto, nas últimas décadas, a crítica literária passou a enfatizar mais Bentinho em seus jogos de manipulação neurótica do que a possibilidade do adultério.

---

4. EAGLETON, T. "Introdução: O que é a literatura?" In: EAGLETON, T. *Teoria da literatura*: Uma introdução. Trad. de Waltensir Dutra. São Paulo: Martins Fontes, 2006, p. 19.

Nesses termos, no âmbito escolar, é preciso formar leitores que desconfiem, que percebam sutilezas e ambiguidades e que questionem a primeira aparência da palavra lida, a fim de se defrontarem, criticamente, entre os ditos e os não ditos do texto literário, com diferentes perspectivas da existência humana em sociedade. A formação de leitores literários é indissociável da formação humana, uma vez que não se pode restringir a formação de leitores apenas ao ato de ler pura e simplesmente, desconsiderando a literatura como uma forma de conhecimento. Conhecimento esse que é, artisticamente, estruturado, sobre nossas experiências como seres humanos.

Segundo Antonio Candido, em primeiro lugar, "a literatura corresponde a uma necessidade universal que deve ser satisfeita sob pena de mutilar a personalidade, porque pelo fato de dar forma aos sentimentos e à visão do mundo ela nos organiza, nos liberta do caos e, portanto, nos humaniza. Negar a fruição da literatura é mutilar a nossa humanidade. Em segundo lugar, a literatura pode ser um instrumento consciente de desmascaramento, pelo fato de focalizar as situações de restrição dos direitos, ou denegação deles, como a miséria, a servidão, a mutilação espiritual. Tanto num nível quanto no outro ela tem muito a ver com a luta pelos direitos humanos"[5].

---

5. CANDIDO, A. "O direito à literatura". In: CANDIDO, A. *Vários escritos*. Rio de Janeiro/São Paulo: Ouro sobre Azul/Duas Cidades, 2011, p. 186.

A literatura permite-nos romper os limites espaço-temporais de nossas vivências para podermos interagir com instâncias construídas ficcionalmente (sujeitos poéticos, narradores e personagens), que, na condição de alteridades, possibilitam a (re)constituição de quem somos, uma vez que construímos socialmente nossa subjetividade na relação que estabelecemos com o outro (ainda que esse outro seja uma elaboração ficcional). As obras literárias possibilitariam certo distanciamento da experiência cotidiana da realidade, permitindo-nos olhar para a vida a partir de outro lugar e, assim, vislumbrar outras possibilidades de modos de vida. Assim, poderíamos nos tornar mais dispostos a compreender o mundo para além de nós mesmos, bem como possibilitaria que nos confrontássemos com a realidade em que vivemos.

Não se trata de evasão da realidade ou de fuga a um mundo imaginário que nos aliene das durezas da existência. Pelo contrário, a literatura possibilita um deslocamento do fluxo das nossas vivências diárias para podermos enxergar, com maior nitidez, a própria vida. Se colocarmos, por exemplo, nosso dedo muito próximo dos olhos não o veremos com a mesma clareza com que o distinguimos, em seus detalhes, quando o posicionamos a certa distância do nosso rosto. Em termos metafóricos, seria isso que aconteceria no processo de leitura literária. A literatura (ou, pelo menos, um determinado conjunto de obras consideradas literárias) é um encontro e, porque não dizer, um confronto com a realidade que se apresenta a nós por meio da leitura do texto literário.

Desse modo, é muito importante evitarmos certos idealismos fantasiosos quando se trata de reconhecer o potencial humanizador da literatura, para não nos deixarmos seduzir pela ideia de um efeito mágico da leitura, considerando, inquestionavelmente, que os leitores das obras literárias são transformados em sujeitos mais críticos e reflexivos "em um passe de mágica", como se o simples ato de ler já valesse por si só, desconsiderando, assim, a importância do que se lê e de como se é afetado pela leitura, em termos de pensamentos e sentimentos. No entanto, embora não haja uma relação de causa e efeito entre ler obras literárias e ser alguém que se compromete, criticamente, com a realidade, a literatura *pode ser* uma alternativa muito potente para nos engajarmos na vida de modo mais questionador e humanitário.

Mais especificamente, é preciso considerar que, no Brasil, historicamente, grande parte da população vive, ou melhor, sobrevive em condições de extremas precariedades e de muitas violências, que a desumaniza profundamente, porque essas pessoas não têm a sua dignidade de existir reconhecida socialmente. Nesse contexto, a formação humana que a literatura pode oferecer é indispensável para a construção de uma educação efetivamente crítica e progressista, que se preocupa em intervir nas estruturas desumanizantes, excludentes e autoritárias de nossa sociedade.

Em um estudo realizado entre estudantes franceses, Max Butlen[6] investigou "as proficiências dos alunos", para utilizarmos as palavras do próprio pesquisador, no que se refere à leitura, a fim de estabelecer um conjunto de orientações que possam contribuir para a formação docente. A partir dos resultados obtidos, Butlen ressalta dez elementos que são (des)favoráveis ao bom desempenho no âmbito da leitura, a saber: (i) o meio familiar, sobretudo no que diz respeito à classe social e ao capital cultural dos pais; (ii) o número de livros em casa; (iii) o gênero, pois, entre aqueles que atingem melhores resultados em avaliações de leitura, há mais leitoras do que leitores; (iv) composição social e *status* da escola que a criança ou o/a adolescente frequenta; (v) políticas de leitura na escola e na cidade, bem como políticas de formação docente; (vi) presença de bibliotecas e o modo como são usadas; (vii) sociabilidades em torno dos livros; (viii) gosto pela leitura; (ix) domínio de estratégias de leitura; (x) variedade de leituras.

---

6. BUTLEN, M. "Leitura, Literatura e formação de professores". In: DALVI, M.A. et al. *Literatura e educação*: História, formação e experiência. Campos dos Goytacazes: Brasil Multicultural, 2018, p. 42-46.

Como adverte Butlen, em alguns dos fatores apontados, sobretudo em relação aos elementos de (i) a (iv), os professores, como profissionais da Educação, não conseguem intervir, diretamente, em prol de uma transformação necessária. Em nosso ver, isso indica que o letramento literário e, por extensão, o próprio processo educacional, não começam e/ou terminam entre as quatro paredes da sala de aula, mas são influenciados por aspectos para além da escola, como, por exemplo, as desigualdades estruturais da sociedade capitalista e as políticas estabelecidas pelo Ministério da Educação e pelas Secretarias de Educação.

No que diz respeito aos itens (v) e (vi), podemos destacar a relevância de os professores se organizarem politicamente, mobilizando ações que objetivem incidir sobre as políticas públicas relacionadas à leitura, à formação docente e às bibliotecas públicas e escolares, o que, também, extrapola o espaço da sala de aula e torna ainda mais evidente a função do professor como agente político. Conforme afirma Paulo Freire, "a luta dos professores em defesa de seus direitos e de sua dignidade deve ser entendida como um momento importante de sua prática docente, enquanto prática ética. Não é algo que vem de fora da atividade docente, mas algo que faz parte"[7].

---

7. FREIRE, P. *Pedagogia da autonomia*: Saberes necessários à prática educativa. 62. ed. Rio de Janeiro/São Paulo: Paz e Terra, 2019, p. 65.

Especificamente, os fatores de (vii) a (x) podem ser trabalhados pelo/a professor/a em sala de aula, embora possam, também, ser desenvolvidos em outros espaços, como, por exemplo, clubes de leitura. Ao adotar uma abordagem cognitiva de leitura, o pesquisador francês enfatiza a preponderância das estratégias e da variedade de leituras em relação ao gosto para o êxito na formação de leitores, advertindo que o prazer pela leitura não implica, necessariamente, ter as competências fundamentais para o ato de ler.

Butlen não deixa de reconhecer, também, que "quanto mais os alunos têm sociabilidades, intercâmbios em torno dos livros e da leitura, mais eles são leitores e podem desenvolver o seu poder crítico"[8], permitindo-nos notar que, para além de estratégias de leitura, participar de momentos em que se possa estar em grupo para conversar sobre obras literárias é outro aspecto fundamental da formação de leitores e que pode orientar as práticas pedagógicas em sala de aula.

Ao compreendermos o letramento literário como uma prática social de (re)construção de sentidos para as obras literárias, consideramos que esse processo não se realiza como um ato, estritamente, individual, mas, sobretudo, como um compartilhamento entre indivíduos-leitores. Ressaltamos que não há qualquer pro-

---

8. BUTLEN, M. Op. cit., p. 44.

cesso de ensino-aprendizagem que possa se realizar sem a interação com alteridades, porque a condição primordial para o conhecimento é o desconhecido, o desigual, o outro, aquilo que difere de mim e do que sei (ou acredito saber). Uma turma muito heterogênea pode oferecer uma grande oportunidade de ensino--aprendizagem, se o/a professor/a promover práticas pedagógicas em que essa diversidade possa ser compartilhada com todos, possibilitando que se aprenda uns com os outros, o que, certamente, implicará também muitos desafios.

Nesses termos, Colomer salienta que "a necessidade de formação interpretativa lembra que a ressonância de uma obra no leitor se produz sempre no interior de uma coletividade. Não se trata, pois, de abandonar os alunos ao desfrute subjetivo do texto, a uma interpretação empobrecedoramente incomunicável, a uma constatação empírica de se o efeito da leitura foi prazeroso ou não, através do acréscimo de perguntas do tipo: 'Você gostou? Por quê? O que você mudaria?'"[9]

Embora o prazer pela leitura literária possa acontecer no espaço social da escola e, por essa razão, não o podemos desprezar ou eliminar do processo de ensino-aprendizagem, ele não é o objetivo principal do

---

9. COLOMER, T. *Andar entre livros*: A leitura literária na escola. Trad. de Laura Sandroni. São Paulo: Global, 2007, p. 146.

letramento literário escolar, de acordo com nossa proposta. Não basta que o/a professor/a proporcione momentos de leitura deleite para os estudantes, porque a função educativa a ser exercida no processo de ensino-aprendizagem não é, necessariamente, promover momentos lúdicos sem propósitos pedagógicos bem definidos, mas contribuir para que os estudantes desenvolvam as condições necessárias para serem bons leitores, ao participarem de uma coletividade que se organiza em torno da literatura.

O prazer não é ensinável, porque ele simplesmente acontece em nós, e a escola não pode se abster da função educativa para ser um manancial do prazer, embora valha enfatizar que o processo de ensino-aprendizagem possa ser (e é importante que seja) prazeroso sem que o prazer seja o objetivo principal. Compreender a literatura como forma de conhecimento é o que nos permite afirmar, com toda a segurança, a importância da Literatura na escola, enquanto instituição social promotora e construtora do conhecimento.

A própria BNCC, em diferentes momentos, utiliza a noção de "fruição estética" para se referir ao ensino de Literatura, porém sem especificar o que se entende por esse termo e sem trazer discussões mais detidas que possam tornar mais compreensível o que seria a experiência literária no âmbito escolar sob essa perspectiva. Parece haver uma certa naturalização da noção de "fruição estética", como se já houvesse um certo consenso sobre esse aspecto que dispensaria a reflexão.

Entretanto, precisamos fazer alguns questionamentos, como, por exemplo, o que é fruição estética na era da interatividade digital? Há uma construção histórica e social do prazer pela leitura de obras literárias? É possível traçar estratégias para despertar esse tipo de prazer no outro ou ele é apenas uma dimensão incontrolável do universo subjetivo? Quais as diferenças e as semelhanças entre a fruição estética da leitura literária e o entretenimento massificado proporcionado por filmes, séries e músicas? Não temos a pretensão de responder a essas indagações aqui, mas, com elas, despertar uma discussão que precisa ser feita para que a noção de "fruição estética" não seja só um termo esvaziado que utilizamos sem saber muito bem o que queremos comunicar com ele.

Magda Soares nos lembra que "jamais a leitura de livros no contexto escolar, seja ela imposta ou solicitada ou sugerida pelo professor, seja o livro a ser lido indicado pelo professor ou escolhido pelo aluno, jamais ela será aquele 'ler para ler' que caracteriza essencialmente a leitura por lazer, por prazer, que se faz fora das paredes da escola, se *se* quer fazer e *quando* se quer fazer"[10]. É preciso admitir que ler obras literárias em sala de aula, em um clube literário da nossa cidade ou em um momento individual de lazer são práticas sociais de leitura diferentes, uma vez que cada um desses contextos sociais promove práticas específicas de leitura. Nesses termos, restringir-se a reproduzir, na escola, a leitura literária por prazer que realizamos no conforto da nossa casa é um equívoco contextual.

Mais do que o prazer da leitura, é preciso considerarmos a afetividade da leitura no letramento literário escolar, ainda que não seja o objetivo central proporcionar aos estudantes exclusivamente a vivência de afetos. As obras literárias afetam os leitores de diferentes modos ao promover, corporal e mentalmente, a experiência estética da alegria, da euforia, da surpresa, da empatia, da admiração, da ternura, da nostalgia, da tristeza, do tédio, da dor, do medo, da comoção, da raiva, da indignação, da aversão etc.

Se as sociabilidades em torno da literatura é um aspecto fundamental, é necessário admitir que as interações sociais são permeadas pelos afetos, ou, dito de outro modo, é nas interações sociais que os afetos

---

10. SOARES, M. "A escolarização da literatura infantil e juvenil". In: EVANGELISTA, A.A.M.; BRANDÃO, H.M.B. & MACHADO, M.Z.V. (orgs.). *Escolarização da leitura literária*. 2. ed. Belo Horizonte: Autêntica, 2011, p. 24 (grifos no original).

acontecem em nós. Para melhor compreendermos tal afirmação, é preciso considerarmos que não conceitualizamos a interação social apenas como a relação direta entre um ser humano e outro ser humano, mas também as relações do leitor com o texto, bem como do eu consigo mesmo. Relações essas que se constituem sempre no interior de uma dimensão social, *pelo* e *no* uso da linguagem e, mais especificamente, da língua.

Os afetos têm o poder de nos despertar e de nos mobilizar para que nos engajemos em discussões e ações, porque nos possibilitam o envolvimento, a sensibilização, a sedução. Em sua dimensão corporal, mental e social, os afetos são parte constitutiva da leitura literária e, também, do processo de ensino-aprendizagem. Por isso, é importante discutir sobre eles, em nossas salas de aula, para melhor compreendê-los e, assim, vivenciá-los de forma mais significativa.

Acreditamos muito na perspectiva do letramento literário escolar como formação de leitores. Contudo, não podemos nos desviar de um dos principais aspectos problemáticos com o qual podemos nos deparar ao buscarmos concretizar essa proposta com nossas turmas: as condições materiais de acesso às obras literárias.

Há estruturas sociais que organizam e que controlam a distribuição dos bens culturais de maneira desigual. Em seu funcionamento normal, e não simplesmente pela interferência de um indivíduo específico, a sociedade negligencia as condições para que todos possam ter livre-acesso a todos os bens culturais e, em especial, às obras literárias e artísticas. Para enfrentarmos essa questão não basta apenas oferecer o livro, em sua dimensão de material, pois, como afirmam Chamboredon e Lemaire, "a aproximação geográfica dos livros e dos leitores fracos não apaga a distância social e cultural do livro e da leitura"[11].

Os livros são imprescindíveis. Todavia, é insuficiente disponibilizá-los sem promover uma cultura da leitura, sobretudo entre as classes sociais menos privilegiadas, por meio de mediações que levem em consideração as especificidades dos grupos sociais que são marginalizados quanto ao acesso a bens culturais. É preciso de espaços sociais em que a leitura literária se torne um modo de vida inserido nas práticas cotidianas para que possamos transformar a distância sociocultural que separa muitos indivíduos da literatura.

Nesses termos, a escola pode ser pensada como um espaço que oportuniza a democratização dos bens culturais, porém, sob muitos aspectos, a própria escola tem dificuldades de acesso, basta observar a realidade precária de muitas bibliotecas escolares e salas de leitura. O contexto é sempre de *faltas*: faltam (i) diversidade

---

11. CHAMBOREDON & LEMAIRE, 1970. Apud BUTLEN, M. Op. cit., p. 35.

do acervo; (ii) uma quantidade adequada de livros para se trabalhar em sala de aula com uma mesma obra literária; (iii) edições mais recentes, sobretudo aquelas que se destinam ao público-leitor mais jovem; (iv) profissionais formados em Biblioteconomia; (v) compreensão do espaço da biblioteca como um espaço de socialização e, não, como depósito de livros.

Muitas vezes, sem a possibilidade de solicitar que os estudantes comprem os livros ou que os retirem na biblioteca da escola, o/a professor/a acaba por trabalhar em sala de aula com os textos literários que estão no livro didático. Contudo, Magda Soares, tendo como referência a literatura infantil, pontua que "ao ser transportado do livro de literatura infantil para o livro didático, o texto tem de sofrer, inevitavelmente, transformações, já que passa de um suporte para outro: ler diretamente no livro de literatura infantil é relacionar-se com um objeto-livro-de-literatura completamente diferente do objeto-livro-didático: são livros com finalidades diferentes, aspecto material diferente, diagramação e ilustrações diferentes, protocolos de leitura diferentes"[12].

A obra literária não é uma instância abstrata que existe, em sua integralidade, de maneira independente do seu suporte. Isso, pois ela tem uma materialidade ao se concretizar como objeto-livro, a qual influi, decisi-

---

12. SOARES, M. Op. cit., p. 37.

vamente, no processo de leitura. Não podemos, assim, esperar que uma mesma obra literária, em suportes diferentes, produzirá, exatamente, as mesmas condições de construção de sentidos ao leitor.

A necessidade de diversificar as leituras literárias dos estudantes para além do livro didático, muitas vezes, motiva os professores a buscarem alternativas, dentre elas, a fotocópia. Entretanto, não são todas as escolas que têm uma máquina fotocopiadora ou uma impressora, nas quais os professores possam fazer cópias de textos para trabalhar em sala de aula. Ademais, vale ressaltar que essa alternativa, na grande maioria dos casos, acaba por infringir a lei dos direitos autorais, configurando um risco ao trabalho docente.

Nesses termos, um dos caminhos mais eficazes é o fortalecimento das bibliotecas escolares por meio de políticas públicas e de iniciativas colaborativas da comunidade, o que se realizará, certamente, por meio da defesa coletiva do direito de acesso aos bens culturais. É imprescindível que nos organizemos para apresentarmos demandas por políticas públicas que garantam uma biblioteca de qualidade em nossas escolas públicas[13].

---

13. Para ter informações sobre como apresentar demandas relacionadas às bibliotecas escolares ao poder público, consulte www.euquerominhabiblioteca.org.br

1.2 Fundamentos educacionais para o letramento literário escolar

Paulo Freire nomeia, criticamente, como educação bancária as práticas pedagógicas fundamentadas numa relação autoritária (de cima para baixo) de transferência de saberes do/a professor/a para os alunos, por meio do uso das palavras. Porém, "em lugar de comunicar--se, o educador faz 'comunicados' e depósitos que os educandos, meras incidências, recebem pacientemente, memorizam e repetem"[14].

Em termos gerais, as práticas pedagógicas que objetivam a mera transferência de saberes podem ser sistematizadas a partir de uma relação linear entre três momentos: (i) a resposta informada pelo/a professor/a, em termos do conteúdo da disciplina a ser transmitido; (ii) a pergunta avaliativa elaborada pelo/a professor/a; (iii) a resposta reproduzida pelos/as alunos/as nas atividades e avaliações. Sob esse ponto de vista, a educação bancária inverte o processo científico de produção do conhecimento ao estabelecer a organização metodológica *resposta-pergunta-resposta*. No âmbito da Filosofia e das Ciências, a pergunta é o princípio do conhecimento, seguida por uma resposta, que se abre

---

14. FREIRE, P. *Pedagogia do oprimido*. 17. ed. Rio de Janeiro: Paz e Terra, 1987, p. 58.

para uma nova pergunta, configurando o processo metodológico *pergunta-resposta-pergunta*.

Contra a educação bancária, Paulo Freire propõe "uma educação que possibilitasse ao homem a discussão corajosa de sua problemática. De sua inserção nesta problemática. Que o advertisse dos perigos de seu tempo, para que, consciente deles, ganhasse a força e a coragem de lutar, ao invés de ser levado e arrastado à perdição de seu próprio 'eu', submetido às prescrições alheias. Educação que o colocasse em diálogo constante com o outro. Que o predispusesse a constantes revisões. À análise crítica de seus 'achados'. A uma certa rebeldia, no sentido mais humano da expressão. Que o identificasse com métodos e processos científicos"[15].

Ao estabelecer um projeto de educação mais que politizado, diríamos, "politizante", Freire pensa a educação como processo, consciente e crítico, de integração e de intervenção na realidade social, mobilizado por valores democráticos, como, por exemplo, a liberdade, a solidariedade e o diálogo. Os educandos devem se perceber não só como sujeitos que coparticipam de sua própria "aprendizagem-ensinante", mas também como agentes sociais da História, em prol da luta coletiva contra as formas de opressão.

---

15. FREIRE, P. *Educação como prática da liberdade*. Rio de Janeiro: Paz e Terra, 1967, p. 90.

Essa concepção educacional está fundamentada em uma compreensão do ser humano como *ser inconcluso e consciente de sua inconclusão*, para utilizarmos uma expressão do próprio Freire[16]. Contra os imobilismos ideológicos que nos fazem acreditar que somos indivíduos com existência isolada, futuro determinado e identidade estável, a afirmação do humano a partir da noção de inconclusão implica admitir que a falta é um dos aspectos constitutivos de nossa humanidade, porque, por exemplo, só podemos afirmar que uma atividade não está concluída quando algo ainda lhe falta. Se há uma dimensão de falta em nós, então, vivenciamos as condições de uma abertura constante, que nos entusiasma para a busca, para o movimento, para o desenvolvimento. Nessa perspectiva, não *somos*, sempre *estamos sendo*, porque é o aspecto processual e, não, a essência perene que nos caracteriza como humanos.

Como seres abertos, estamos sempre diante do mistério, do indeterminado, da possibilidade, do porvir, da liberdade e, por isso, diante da escolha ética pela transformação ou conservação da realidade social. Realidade essa que também é processo, movimento e possibilidade, porque está em permanente (re)construção pelos grupos sociais. Nesses termos, a esperança na transformação radical da sociedade deve-se à compreensão do

---

16. FREIRE, P. *Pedagogia da autonomia*: Saberes necessários à prática educativa. 62. ed. Rio de Janeiro/São Paulo: Paz e Terra, 2019.

inacabamento humano e, consequentemente, do próprio mundo, porque, no inconcluso, há um campo de ação que, estando vago, não completamente preenchido, apresenta-se como oportunidade para a ação criativa que constrói alternativas transformadoras ou conservadoras da ordem social.

Paulo Freire não deixa de reconhecer que somos seres condicionados por práticas, valores e organizações sociais, porém, "mesmo sabendo que as condições materiais, econômicas, sociais e políticas, culturais e ideológicas em que nos achamos geram quase sempre barreiras de difícil superação para o cumprimento de nossa tarefa histórica de mudar o mundo, sei também que os obstáculos não se eternizam"[17]. Afinal, o mundo não é uma dimensão consolidada e estática, mas, sim, dinâmica e processual.

Considerando o humano como ser inconcluso e consciente de sua inconclusão, Freire estabelece a curiosidade epistemológica como um dos eixos principais de sua concepção educacional. O educador e pensador brasileiro compreende "a curiosidade como inquietação indagadora, como inclinação ao desvelamento de algo, como pergunta verbalizada ou não, como procura de esclarecimento, como sinal de atenção que sugere alerta, faz parte integrante do fenômeno vital"[18].

---

17. Ibid., p. 53.
18. Ibid., p. 33.

Na curiosidade epistemológica, o comprometimento com o rigor metódico e com a reflexão crítica são aspectos fundamentais da construção do conhecimento, que surge da inquietação, do questionamento, do movimento de busca, da tentativa de descoberta. É importante que o educador e os educandos se lancem no desconhecido na procura por conhecer, mas não de modo aleatório e gratuito. É preciso planejamento, estabelecimento de objetivos, definição de critérios de análise, investigação minuciosa, ponderação e revisão dos conhecimentos construídos.

Nesses termos, as propostas educacionais de Paulo Freire sugerem que as práticas pedagógicas se aproximem do processo de pesquisa científica e, em especial, da atitude filosófica, compreendida como postura crítica pautada na racionalidade, no rigor, na admiração e no espanto, na dúvida, na busca constante por conhecer. Se antes afirmamos que Freire estabelece um projeto de educação "politizante", é preciso reconhecer, agora, que tal projeto também é "filosofante", porque se fundamenta na tendência humana ao ato de filosofar e tem como um dos seus objetivos o aprimoramento de nossa atitude filosófica diante do mundo, do outro e de nós mesmos para o engajamento na luta pela transformação social.

Contudo, para Freire, a curiosidade não se encerra no exercício da razão, porque também "convoca a imaginação, a intuição, as emoções, a capacidade de conjecturar, de comparar"[19]. A curiosidade mobiliza os seres humanos ao tocar os aspectos racionais, afetivos e cognitivos, despertando-nos para o encontro com o outro e com a realidade. Desse modo, considerar a curiosidade epistemológica como aspecto nuclear da prática pedagógica é uma ótima alternativa para motivar os estudantes no processo de ensino-aprendizagem.

Nada mais tedioso para qualquer ser humano do que uma situação em que nada lhe falta, porque nada pode despertar sua curiosidade para colocá-lo em movimento de busca. Como professores, podemos ter a tendência a querer suprir faltas, em termos de conhecimento, que os estudantes tenham e, assim, trazer "tudo pronto" para eles, ou seja, dar as respostas antes da inquietação das perguntas, como é na educação bancária.

Entretanto, é mais motivador proporcionar as condições para que os educandos tenham consciência de que algo lhes falta, o que desestabilizaria sua zona de conforto e, dessa maneira, possibilitaria que eles, tomados pela curiosidade, queiram ir em busca do que lhes falta. Nesse sentido, a sala de aula torna-se espaço do desafio e do contraditório, que está sempre aberto ao diálogo e à alteridade.

---

19. Ibid., p. 85.

A partir de tais considerações, propomos que o letramento literário em sala de aula se realize em três momentos, quais sejam: (i) a Palavra Acolhida; (ii) a Palavra Compartilhada; e (iii) a Palavra Criada.

A Palavra Acolhida é o momento da pergunta desafiadora suscitada na leitura da obra literária. Trata-se do primeiro contato com o texto literário e, por isso, de ser afetado por ele, de se comprometer com o universo ficcional instaurado na leitura, de acolher os questionamentos sobre a existência humana em sociedade trazidos pela obra literária, em interação com os leitores.

A Palavra Compartilhada é o momento da resposta inicial, da contrarresposta, da resposta repensada, da resposta sintetizadora, da pergunta que busca, da pergunta que redireciona, da pergunta que retoma, da pergunta que contra-argumenta. Trata-se de dialogar sobre a obra literária para a (re)construção e o compartilhamento coletivo de sentidos, em que o/a professor/a exercerá a sua tarefa, atribuída por Paulo Freire, de "desafiar o educando com quem se comunica, a quem se comunica, a produzir sua compreensão do que vem sendo comunicado [pois] não há inteligibilidade que não seja comunicação e intercomunicação e que não se funde na dialogicidade"[20].

---

20. Ibid., p. 39.

A Palavra Criada é o momento da produção perguntante-responsiva. Trata-se de propor uma produção textual que possibilite, ao mesmo tempo, o aprofundamento da reflexão crítica sobre a obra literária e a avaliação do processo de leitura literária por meio do "estímulo à capacidade criadora do educando"[21], para nos valermos das palavras de Freire. Nesta etapa, é importante reforçar as possibilidades de os estudantes escolherem e decidirem sobre o processo criativo de seus textos, bem como de vivenciarem a dimensão coletiva do letramento literário por meio de trabalhos em grupo.

---

21. Ibid., p. 31.

2

A Palavra Acolhida e a Palavra Compartilhada:
Sugestões para leitura literária

2.1 A relação como procedimento didático

Em suas propostas para o letramento literário, sobretudo no âmbito escolar, Rildo Cosson afirma, constantemente, a importância de se considerar as relações entre texto, contexto e intertexto para as práticas pedagógicas com obras literárias. Para o pesquisador, "na sala de aula, a literatura precisa de espaço para ser texto, que deve ser lido em si mesmo, por sua própria constituição. Também precisa de espaço para ser contexto, ou seja, para que seja lido o mundo que o texto traz consigo. E precisa de espaço para ser intertexto, isto é, a leitura feita pelo leitor com base em sua experiência, estabelecendo ligações com outros textos e, por meio deles, com a rede da cultura"[22].

---

22. COSSON, R. "O espaço da literatura na sala de aula". In: COSSON, R. et al. *Literatura*: Ensino Fundamental. Brasília: MEC/SEB, 2010, p. 68.

Mais do que simplesmente considerar a tríade texto, contexto e intertexto, que se mostra primordial para o processo de letramento literário, vale destacar, também, que os três aspectos não são pensados por Cosson de maneira que estejam isolados uns dos outros, mas, ao contrário, são compreendidos a partir de um conjunto de relações. Desse modo, indicamos que a *relação* seria um procedimento didático para planejar atividades de leitura literária, entendendo a relação como uma rede de significações que promove a interação entre autor, editor, texto literário, leitores, contexto (de produção, de circulação e de recepção da obra literária), mercado editorial, outras produções textuais (com *status* de literário ou não) e conhecimentos de outra ordem (como, por exemplo, a ciência, a filosofia, a religião e as tradições populares).

Quando o/a professor/a está preparando sua aula de Literatura, pode surgir a seguinte dúvida: o que pode ser feito com a obra literária em sala de aula? Nossa sugestão é partir da ideia de que podemos relacionar a obra literária, considerando a rede de interação entre os aspectos que foram mencionados acima, de maneira que o planejamento seja refletir como organizar uma prática pedagógica que favoreça a elaboração de relações para a construção de sentidos.

Um procedimento didático recomendável é, no caso de textos impressos que o professor venha a levar para serem discutidos em sala de aula, valer-se de um pequeno cabeçalho com determinadas informações, tais como autor, data de publicação, suporte ou outras informações que julgar necessárias para a compreensão da obra literária. Essas informações, normalmente, aparecem no final do texto, em letras menores. Entretanto, o procedimento de colocar na forma de um cabeçalho é para que essas informações ganhem maior destaque e possam ser mais facilmente acionadas no processo de construção de sentidos para a obra literária.

A fim de que os estudantes tenham um rico repertório literário para estabelecer relações, é importante considerar a diversidade de gêneros literários, de autores, de propostas estéticas, de suportes e de meios de circulação no momento de selecionar as obras literárias que serão lidas, de maneira que a pluralidade constitutiva da literatura possa fazer parte do processo formativa dos nossos estudantes-leitores. Podemos citar alguns exemplos de manifestações literárias que podem ser lidas em sala de aula: os *best-sellers*, as histórias em quadrinhos, a literatura de cordel, o repente, a lenda, a poesia visual, o miniconto, a literatura de autoria negra, a literatura de autoria feminina, a literatura fantástica, a literatura digital.

2.2 A Palavra Acolhida: Procedimentos de leitura coletiva da obra literária

A leitura coletiva da obra literária pode ser antecedida por um momento de motivação, que tem como objetivo preparar os estudantes para a leitura, a partir de uma primeira aproximação que funcione como uma "porta de entrada" ao universo literário. Para tanto, o/a professor/a pode realizar: (i) uma dinâmica de grupo, que possa mobilizar aspectos lúdicos e afetivos; (ii) a discussão de uma pergunta desafiadora, que não objetiva que os estudantes acertem ou errem, mas que incentive o processo de reflexão crítica; (iii) uma discussão analítica dos paratextos, tais como título, dedicatória, epígrafe, capa do livro, orelha, nota editorial, prefácio, ilustrações etc.; (iv) uma apreciação de vídeos curtos, músicas, *podcasts*, reportagens, charges, memes, pinturas, fotografias etc.

Podemos apontar três procedimentos de leitura coletiva da obra literária: a leitura protocolada ou pausa protocolada, a leitura focalizada e a leitura relacionada.

A leitura com pausa protocolada consiste em o/a professor/a estabelecer um conjunto de pausas ao longo da leitura, ao invés de se ler todo o texto literário sem interrupções. Nessas pausas, o/a professor/a fará perguntas que incitem os estudantes a fazerem previsões, a levantarem hipóteses, a articularem deduções sobre a obra literária, além de verificarem se as suposições estabelecidas durante as pausas anteriores foram confirmadas ou não, colocarem dúvidas de compreensão textual e indicarem intertextualidades.

É importante que o/a professor/a peça para que os estudantes argumentem dizendo o porquê de eles acreditarem que as inferências feitas seriam válidas para aquele texto, sobretudo por meio da indicação de trechos do próprio texto literário que possibilitariam tais hipóteses. Ademais, a pausa protocolada pode ocorrer antes mesmo da leitura do texto literário, mais propriamente dito, a partir da observação dos paratextos, elementos que podem ser utilizados para o levantamento de hipóteses sobre o texto literário que será lido.

Na leitura focalizada, o/a professor/a dividiria a turma em grupos e determinaria um aspecto a ser analisado por cada grupo ao longo da leitura; por exemplo: um grupo ficaria responsável por observar as relações com a sociedade; outro, por notar a construção estética do tempo; e assim por diante. Determinar um aspecto a ser observado criticamente pelo grupo estabelece um objetivo para a leitura, o que é muito significativo para o processo de formação de leitores. Depois desse momento inicial, se faria uma discussão com toda a turma em que cada grupo traria para a roda de conversa os elementos que analisaram, enriquecendo a reflexão sobre a obra literária com diferentes perspectivas.

Uma alternativa interessante para trabalhar a leitura focalizada é explorar uma dimensão cenestésica da leitura. Para tanto, divide-se a turma em quatro grupos e cada grupo deve ficar responsável por indicar um som, uma cor, um cheiro ou um sabor que possa estar relacionado ao texto literário. É fundamental que cada grupo justifique as escolhas que fizer a fim de que o processo argumentativo possa motivar uma discussão.

Na leitura relacionada, o/a professor/a divide a turma em pequenos grupos e distribui para cada grupo uma coletânea de textos para que os estudantes relacionem um texto com o outro. Essa coletânea pode se constituir de (i) somente textos literários, de (ii) um texto literário e os paratextos que constituem essa obra literária, de (iii) uma mescla de textos literários e textos não literários constituídos pela linguagem verbal (como, por exemplo, reportagens, artigos de opinião, postagens em redes sociais) ou de (iv) uma mescla de textos literários e textos imagéticos ou multimodais (como, por exemplo, pinturas, fotografias, memes, charges). Em seguida, toda a turma discute sobre as observações que fizeram em grupo para enriquecê-las por meio do compartilhamento coletivo.

Ainda em relação ao momento da Palavra Acolhida, é interessante que o/a professor diversifique os procedimentos de leitura para que os estudantes possam vivenciar as diferentes possibilidades que cada um deles oferece. Inclusive, o/a professor/a pode escolher, em alguns momentos, ler, ele/a mesmo/a, o texto literário para que os estudantes possam escutá-lo e, assim, experienciar a leitura como ouvintes. Nesse caso, é interessante que o/a professor/a emposte a voz de um modo envolvente, de maneira que possa dar vida à obra literária por meio de sua voz. Entretanto, vale lembrar do cuidado para não exagerar em uma *performance* que chame mais atenção do que a própria leitura literária.

2.3 A Palavra Compartilhada: A roda de conversa como procedimento didático

Ângela Kleiman ressalta que "é durante a interação que o leitor mais inexperiente compreende o texto: não é durante a leitura silenciosa, nem durante a leitura em voz alta, mas durante a conversa sobre aspectos relevantes do texto"[23]. Ao se considerar a afirmação de Kleiman, é preciso enfatizar que a *relação* como procedimento didático, para a formação de leitores literários, não se refere apenas às associações e às conexões possíveis a partir do texto literário, mas, também, às

---

23. KLEIMAN, A. *Oficina de leitura*: Teoria e prática. Campinas: Fontes, 2016, p. 36.

interações sociais entre os estudantes e o/a professor/a para a construção e o compartilhamento de sentidos para a obra literária.

Nesses termos, privilegiamos a roda de conversa como um procedimento didático fundamental para o letramento literário em sala de aula, já que, como pontua Teresa Colomer, "pode-se afirmar, cada vez com maior segurança e de maneira cada vez mais pormenorizada, que a leitura compartilhada é a base da formação de leitores"[24]. É preciso criar momentos em que o/a professor/a e os estudantes possam dialogar *com* e *sobre* o texto literário, compartilhando com os demais o que a leitura provocou, em termos de pensamentos e de sentimentos e, assim, discutir, coletivamente, suas impressões, suas percepções e suas reflexões sobre a obra literária.

Colomer salienta que "falar sobre livros com pessoas que nos rodeiam é o fator que mais se relaciona com a permanência de hábitos de leitura, o que parece ser uma das dimensões mais efetivas nas atividades de estímulo à leitura"[25]. A pesquisadora acredita que "compartilhar as obras com outras pessoas é importante porque torna possível beneficiar-se da competência dos outros para construir o sentido e obter o prazer de

---

24. COLOMER, T. Op. cit., p. 106.
25. Ibid., p. 143.

entender mais e melhor os livros. Também porque permite experimentar a literatura em sua dimensão socializadora, fazendo com que a pessoa se sinta parte de uma comunidade de leitores com referências e cumplicidades mútuas"[26].

O/a professor/a ocuparia a posição de mediador/a da discussão, contribuindo com o processo de nomear os efeitos estéticos do texto literário, de instigar a percepção de determinados aspectos, de propor questionamentos e problematizações que aumentem as possibilidades de reflexão, de valorizar os comentários dos estudantes com outras observações que possam fortalecer a ideia apresentada, de dar oportunidades de os estudantes reelaborarem com maior clareza as interpretações que propõem, de relacionar comentários de dois ou mais estudantes e de trazer informações importantes para o desenvolvimento da discussão.

Em especial, gostaríamos de destacar a nomeação de efeitos estéticos no momento da roda de conversa. É importante que o/a professor/a contribua para que os estudantes possam notar que certos afetos, experienciados ao longo da leitura literária, podem ter fortes ligações com o modo como a linguagem foi elaborada literariamente e com a organização estética da obra literária.

---

26. Ibid., p. 143.

Conforme salientam Ana Carolina Perrusi Brandão e Ester Calland de Sousa Rosa, "o professor ensina a compreender um texto quando formula perguntas interessantes sobre ele, quando escuta e reage às respostas das crianças. Assim, com suas ações quando lê um texto em voz alta na roda, a forma como conduz a conversa sobre o texto, até mesmo a maneira como apresenta para a sala a proposta de leitura de um livro, o professor funciona como um modelo de comportamentos, atitudes e expressões de um leitor que dirige e regula seu próprio processo de leitura, ensinando, portanto, 'como se faz para ler' (LERNER, 1996)"[27].

O/a professor/a ensina o modo como se leem as obras literárias na forma como se planejam, organizam-se e realizam-se suas atividades pedagógicas referente à Literatura. Vale ressaltar a importância de estarmos conscientes dos processos de ensino-aprendizagem que desenvolvemos em sala de aula para podermos avaliar se eles estão condizentes ou não com os objetivos que estabelecemos para as nossas aulas de Literatura. Por exemplo, se o/a professor/a solicita, recorrentemente, que os estudantes leiam textos literários para responder a um conjunto de perguntas que apenas exigem a identificação de informações, a fim de as reproduzir como

---

27. BRANDÃO, A.C.P. & ROSA, E.C.S. "A leitura de textos literários na sala de aula: É conversando que a gente se entende..." In: COSSON, R. et al. *Literatura*: Ensino Fundamental. Op. cit., p. 73.

resposta, o leitor está sendo formado para compreender que ler é localizar e transpor informações coletadas no texto literário, sem, contudo, implicar discutir *o* texto e *com o* texto.

Refiro-me à possibilidade de se discutir *com o* texto, porque o/a professor/a e os estudantes não precisam aceitar, pacificamente, a visão de mundo, a compreensão das experiências humanas, bem como as crenças e os valores vinculados pela obra literária, ao contrário, podem problematizá-los. Entretanto, é fundamental que os questionamentos levem em consideração as transformações históricas, sociais e culturais entre o contexto de produção e o de recepção, para não se cair em anacronismos indevidos.

Nesses termos, nossa proposta é formar leitores literários que possam compreender que ler literatura é dialogar *com* e *sobre* a obra literária, em suas dimensões sociais, culturais, políticas, históricas, afetivas e estéticas. Essa perspectiva abre espaço para o questionamento, para a dúvida, para a discordância, para a escuta, para a troca, para a ressignificação, aspectos que fazem parte de uma construção coletiva de sentidos. Por exemplo, se um estudante faz uma pergunta sobre a obra literária, o/a professor/a, ao invés de responder logo em seguida, poderia colocar a pergunta para a turma, a fim de que seja pensada por todos os estudantes.

Para estabelecer uma orientação para a roda de conversa, o/a professor/a pode solicitar que, após a leitura, os estudantes elaborem algumas perguntas sobre o texto literário, uma vez que é imprescindível que os estudantes aprendam não apenas a responder a perguntas feitas pelo/a professor/a, mas também a formular questionamentos. Em seguida, o/a professor/a anotaria essas perguntas na lousa ou em um caderno – a depender do espaço em que escolheu realizar a atividade de leitura –, para que sejam respondidas ao longo da discussão. Outro procedimento didático possível é elaborar, após a leitura, uma nuvem de palavras, um campo associativo ou um mapa conceitual que indique determinados aspectos que podem ser retomados e discutidos.

Durante a discussão, é preciso que o/a professor/a pergunte ao/à estudante que fizer um comentário qual parte do texto literário possibilitaria a interpretação apresentada, de maneira que explique esse trecho a partir das suas próprias observações e, assim, possa defender sua hipótese sobre a obra literária. Esse procedimento didático é fundamental para que a obra literária seja retomada, constantemente, na roda de conversa como se fosse um processo de "ruminação", no qual a reflexão seja um permanente ir e vir ao texto literário para ser pensado e sentido com mais profundidade. Inclusive, a depender da extensão do texto literário, é interessante lê-lo mais de uma vez na íntegra.

É verdade que a obra literária permite um conjunto de diversas possibilidades de interpretações, não significando que todas as propostas interpretativas sejam válidas, independentemente da argumentação que as sustenta. Quem nunca ouviu que, na literatura, cada um tem a sua própria leitura? Isso pode ser verdade somente sob a condição de que a interpretação sugerida para a obra literária consiga ser comprovada com elementos da própria obra por meio de uma argumentação. Nesses termos, a roda de conversa da leitura literária é uma boa oportunidade para o trabalho com a competência argumentativa dos estudantes.

A roda de conversa favorece que o/a professor/a explore, pedagogicamente, outros espaços da escola, para além da sala de aula, como, por exemplo, a biblioteca, a sala de leitura e o pátio. Ademais, é uma boa oportunidade para que as carteiras sejam organizadas em círculo, a fim de facilitar a interação entre todos, já que a organização do espaço influencia no modo como as relações sociais se efetivam naquele determinado espaço.

As rodas de conversa não precisam ser apenas para a reflexão das obras literárias; podem, também, ser realizadas para que os estudantes relatem sobre suas experiências de leitura literária e seus gostos. Além de sugerirem obras literárias para os colegas, discutirem a importância da literatura, da biblioteca da escola e a pública da cidade, o acesso aos livros, bem como outras temáticas relacionadas à vida literária.

Vale salientar que, talvez, não seja da primeira, nem da segunda vez que a roda de conversa funcionará de maneira satisfatória em uma turma. É preciso ter em vista que se trata de um processo de aprendizagem que se constrói experiência após experiência, principalmente porque, na grande maioria das vezes, essa proposta pedagógica não costuma fazer parte das práticas vivenciadas na escola. Entretanto, é uma prática pedagógica muito significativa não só na formação de leitores literários, como, também, no processo de ensino-aprendizagem como um todo.

Conforme certamente notou Paulo Freire ao propor os Círculos de Cultura, no âmbito da cultura brasileira, o "sentar em círculo" para contar histórias e para conversar concretiza uma pedagogia do compartilhamento de experiências e de ideias, em que o conhecimento se realiza a partir da disposição ao outro, da valorização da palavra e da construção coletiva. Acreditamos que nossas escolas teriam muito a ganhar se incorporassem, na rotina escolar, a vivência das rodas de conversa como prática pedagógica, sobretudo porque o estar em círculo para discutir é uma aprendizagem política de democracia que potencializa o processo educacional dos estudantes.

2.4 Músicas com relações intertextuais com as literaturas brasileira e portuguesa

Apresentamos, a seguir, uma lista de músicas que estabelecem relações intertextuais com escritores e obras da literatura brasileira e portuguesa, a fim de que possam enriquecer nossas práticas pedagógicas.

Quadro 1 – Relações intertextuais de músicas e as literaturas brasileira e portuguesa

Escritor	Cantor/Grupo musical	Música/Álbum
Alphonsus Guimarães	Emicida	"Ismália"
Augusto dos Anjos	Arnaldo Antunes	"Budismo moderno"
Carlos Drummond de Andrade	Chico Buarque	"Até o fim"
	Belchior	Álbum *As várias caras de Drummond*
	Milton Nascimento	"Canção amiga"
	Paulo Diniz	"José"
Castro Alves	Caetano Veloso	"Navio negreiro"
Cecília Meireles	Chico Buarque	Tema de "Os inconfidentes"
	Fagner	"Canteiros"
	Fagner	"Motivo"
Eça de Queirós	Marisa Monte	"Amor, I love you"
Fernando Pessoa	Maria Bethânia	"Sonho impossível"
	André Luiz Oliveira (vários intérpretes)	Álbum *Mensagem: Fernando Pessoa*
Ferreira Gullar	Fagner	"Traduzir-se"
	Fagner	"Branca de neve"
	Caetano Veloso	"Onde andarás"
Gonçalves Dias	Chico Buarque e Tom Jobim	"Sabiá"

Gregório de Matos	Caetano Veloso	"Triste Bahia"
	Maria Bethânia	"Mortal loucura"
Guimarães Rosa	Caetano Veloso	"A terceira margem do rio"
	Chico Buarque	"Assentamento"
	Clara Nunes	"Sagarana"
Haroldo de Campos	Caetano Veloso	"Circuladô de fulô"
João Cabral de Melo Neto	Chico Buarque, João Cabral de Melo Neto e Airton Barbosa	Álbum *Morte e vida severina*
Jorge Amado	Fafá de Belém	"Capitães de areia"
	Gal Costa	"Modinha para Gabriela"
José de Alencar	Chico Buarque	"Iracema voou"
	Carlos Gomes	"Il Guarany"
	Lenine	"Tubi Tupi"
Luís de Camões	Legião Urbana	"Monte Castelo"
Machado de Assis	Zélia Duncan	"Capitu"
	Martinho da Vila	"Machado de Assis"
Manuel Bandeira	Tom Jobim e Olivia Hime	"Trem de ferro"
	Nara Leão	"Azulão"
	Paulo Diniz	"Vou-me embora pra Pasárgada"
Mário de Andrade	Iara Rennó	"Macunaíma"
Monteiro Lobato	Elza Soares	"O mundo encantado de Monteiro Lobato"
Oswald de Andrade	Cazuza	"Balada do Esplanada"
Paulo Leminski	Caetano Veloso	"Verdura"
	Arnaldo Antunes	"Luzes"
Santa Rita Durão	Lenine	"Tubi Tupi"
Vinícius de Moraes	Secos & Molhados	"Rosa de Hiroshima"

Fonte: elaborado pelo autor.

2.5 Filmes para discutir a importância da literatura e da leitura

Esta sugestão de filmes tem como objetivo oportunizar discussões sobre a importância da literatura e da leitura para a existência humana a fim de que os estudantes possam se aproximar um pouco mais do universo literário:

Quadro 2 – Filmes que discutem a importância da literatura e da leitura

Ano	Filme	Direção
1984	*A história sem fim*	Wolfgang Petersen
1989	*Sociedade dos poetas mortos*	Peter Weir
1994	*O carteiro e o poeta*	Michael Radford
2003	*Narradores de Javé*	Eliane Caffé
2007	*O clube de leitura de Jane Austen*	Robin Swicord
2009	*Minhas tardes com Margueritte*	Jean Becker
2009	*Mãos talentosas: A história de Ben Carson*	Thomas Carter
2012	*Os fantásticos livros voadores do Sr. Morris Lessmore*	Brandon Oldenburg e William Joyce
2014	*A menina que roubava livros*	Brian Percival
2016	*O mestre dos gênios*	Michael Grandage
2017	*A livraria*	Isabel Coixet

Fonte: elaborado pelo autor.

2.6 Alguns filmes e documentários sobre escritores brasileiros

A seguir, há uma pequena lista (que não objetiva ser completa) de filmes e de documentários sobre alguns escritores de nossa literatura que pode contribuir para a ampliação dos conhecimentos sobre tais escritores e suas produções literárias:

Quadro 3 – Filmes/Documentários sobre escritores brasileiros

Escritor	Filme/Documentário	Ano	Direção/ Produção
Ana Cristina Cesar	*Bruta aventura em versos*	2011	Letícia Simões
Ariano Suassuna	*O Sertãomundo de Suassuna*	2003	Douglas Machado
Augusto dos Anjos	*Anjos e eu*	2012	José Sette
Caio Fernando de Abreu	*Para sempre seu Caio F.*	2015	Candé Salles
Carlos Drummond de Andrade	*O poeta de sete faces*	2001	Paulo Thiago
	Mestres da Literatura – No caminho de Drummond	2002	TV Escola
Carolina Maria de Jesus	*Carolina*	2003	Jeferson De
Castro Alves	*Castro Alves: Retrato falado do poeta*	1998	Bruno Garcia
Clarice Lispector	*A descoberta do mundo – Um filme sobre a vida e obra de Clarice Lispector*	2015	Taciana Oliveira

Cora Coralina	Cora Coralina – Todas as vidas	2017	Renato Barbieri
Cruz e Sousa	Cruz e Sousa: O poeta do desterro	1998	Sylvio Back
Ferreira Gullar	Ferreira Gullar: O canto e a fúria	1994	Zelito Vieira
Graciliano Ramos	Mestres da Literatura – Graciliano Ramos, literatura sem bijouterias	2002	TV Escola
Gregório de Matos	Gregório de Matos	2002	Ana Carolina
João Cabral de Melo Neto	Mestres da Literatura – Quatro vezes quatro João Cabral de Melo Neto	2002	TV Escola
João Guimarães Rosa	Mestres da Literatura – Guimarães Rosa, o mágico do reino das palavras	2002	TV Escola
José de Alencar	Mestres da Literatura – José de Alencar, o múltiplo	2002	TV Escola
José Lins do Rego	O engenho de Zé Lins	2007	Vladimir Carvalho
José Lins do Rego	Mestres da Literatura – José Lins do Rego, o contador de histórias	2002	TV Escola
Lima Barreto	Mestres da Literatura – Lima Barreto, um grito brasileiro	2002	TV Escola
Lygia Fagundes Telles	Mestres da Literatura – Lygia Fagundes Telles, a inventora de memórias	2002	TV Escola
Machado de Assis	Machado de Assis: A vida é boa	2008	TV Escola
Machado de Assis	Mestres da Literatura – Machado de Assis, um mestre na periferia	2002	TV Escola
Manuel Bandeira	O poeta do castelo	1959	Joaquim Pedro de Andrade

Manuel de Barros	*Só dez por cento é mentira*	2008	Pedro Cezar
Mário de Andrade	*Mestres da Literatura – Mário de Andrade, reinventando o Brasil*	2002	TV Escola
Monteiro Lobato	*Monteiro Lobato: furacão de Botocúndia*	1998	Roberto Elisabetsky
Oswald de Andrade	*O homem do Pau-Brasil*	1982	Joaquim Pedro de Andrade
Pagu	*Eternamente Pagu*	1988	Norma Benguell
Patativa do Assaré	*Patativa do Assaré – Ave Poesia*	2009	Rosemberg Cariry
Pe. Antônio Vieira	*A pedra e a palavra*	2013	Joaquim Haickel e Coi Belluzzo
Rachel de Queiroz	*Mestres da Literatura – Rachel de Queiroz, não me deixes*	2002	TV Escola

Fonte: elaborado pelo autor.

3

A Palavra Criada:
Sugestões para produção textual

3.1 Produção de obras literárias

Produção de poemas em verso

Ao se estudar os aspectos morfológicos da estrutura e da formação de palavras, o/a professor/a poderia trazer alguns poemas que utilizam neologismos para serem lidos e discutidos pela turma, de modo a acionar os conhecimentos morfológicos aprendidos, possibilitando a construção de sentidos para os textos literários em questão. Em seguida, o/a professor/a pode propor à turma que produza um poema, em que sejam usados alguns neologismos elaborados pelos próprios estudantes. Seria interessante que essa atividade fosse realizada em grupo para que os estudantes possam trocar ideias e construir, coletivamente, o texto literário, já que a atividade implica um trabalho com a criatividade, no que se refere tanto aos aspectos estéticos do poema como à criação dos neologismos. Dessa forma, a interação entre os estudantes pode contribuir para potencializar a dimensão criativa.

Seria, também, uma boa oportunidade para o/a professor/a trabalhar as figuras de linguagem como recursos expressivos a serem utilizados na produção do poema. Não se trata apenas de expor o conceito de cada figura de linguagem, seguido de uma frase que funcionaria como um exemplo descontextualizado, mas, sim, discutir como as figuras de linguagem são usadas nas produções poéticas para que os estudantes possam perceber as possibilidades que dispõem para escrever seus próprios poemas. As temáticas ficariam a critério do/a professor/a, que pode avaliar o que seria mais interessante: deixar livre para que os estudantes escolhessem ou indicar uma ou mais temáticas a serem desenvolvidas nas produções poéticas.

Produção de poemas visuais

A partir da leitura de diferentes poemas visuais, o/a professor/a pode solicitar que os estudantes produzam poemas visuais a partir da bricolagem de letras, de palavras e/ou de frases de diferentes textos impressos. Outra opção seria utilizar programas de edição de texto e de vídeo, para produzir um poema digital, explorando, esteticamente, a dimensão visual da palavra. É importante destacar aos estudantes que a dimensão visual não é um aspecto aleatório do poema, mas deve contribuir, decisivamente, para a construção de sentidos. Dessa forma, sua elaboração estética precisa ser bem pensada. O trabalho pedagógico com poemas visuais é imprescindível para a ampliação das compreensões dos estudantes em relação às possibilidades de criação poética e, consequentemente, ao próprio conceito de poesia.

Produção de contos

O/a professor/a poderia propor que cada estudante, individualmente, escreva um parágrafo descritivo, apontando as características de um personagem de sua escolha. Pode ser uma pessoa real, um personagem fictício de alguma produção cultural ou um personagem inventado pelo próprio estudante. Em seguida, o/a professor/a solicita que sejam formados grupos, de modo que cada grupo escreva um conto com, necessariamente, todos os personagens descritos anteriormente pelos integrantes do grupo. Depois, os contos podem ser lidos para toda a turma.

É importante que os grupos sejam formados depois da escrita dos parágrafos descritivos. Como cada um pensou individualmente o personagem, a integração de todos os personagens em uma mesma narrativa torna-se um desafio, exigindo soluções criativas para que a verossimilhança seja mantida, o que pode ser um dos aspectos que o/a professor/a pode avaliar nessa atividade.

Produção de haicai ou miniconto

Cada estudante deve escrever um haicai ou um miniconto (o/a professor/a precisaria escolher um desses dois gêneros literários) e, sem divulgar inicialmente para os demais a sua produção, assinar com um pseudônimo, de modo que ninguém saiba quem são os autores dos textos literários elaborados. O/a professor/a recolhe as produções, orientando os estudantes que eles interpretarão alguns haicais/minicontos e, durante o processo de construção e compartilhamento de sentidos, o/a autor/a deve permanecer em silêncio. Ao final, o/a estudante autor/a dirá qual foi sua intenção ao produzir o haicai/miniconto.

Em geral, há algumas dissonâncias entre a intenção do/a autor/a e as interpretações dos/as colegas, possibilitando uma melhor percepção, por parte dos estudantes, da posição de autor e de leitor no âmbito da literatura. Portanto, é importante que o/a professor/a enfatize a posição ativa dos/as leitores/as no processo de leitura da obra literária e que, por isso mesmo, ler um texto literário não é apenas identificar a intenção do/a autor/a.

Produção literária a partir do hibridismo de gênero

Para trabalhar o hibridismo de gênero, o/a professor pode solicitar que os estudantes façam uma produção textual que busque mesclar, por exemplo, o poema e o anúncio, a receita médica, a receita culinária, a bula de remédio, o cardápio, a postagem em redes sociais, ou o conto e a lista de tarefas a cumprir, o currículo, o contrato, a ata, as mensagens em plataformas digitais. O gênero que, nas práticas sociais, não é normalmente considerado um gênero literário não estará, apenas, inserido no interior do poema ou do conto, mas integrado à construção estética do texto literário. Isso, pois as fronteiras entre os gêneros estarão, de tal forma, rompidas, sendo impossível definir, com objetividade, se o texto produzido seria, por exemplo, um anúncio poético ou um poema-anúncio. Para essa proposta, o "Poema tirado de uma notícia de jornal", de Manuel Bandeira, e o conto "Circuito fechado", de Ricardo Ramos, são boas referências literárias para motivar os estudantes em suas produções textuais[28].

---

28. Agradeço à Profa. Solange Rodrigues pelo compartilhamento da ideia de uma "bula literária", a partir da qual foi pensada a referida sugestão de produção literária.

Produção literária a partir de epígrafe, dedicatória ou ilustração

Um modo de motivar uma produção literária de um poema, de um conto, de uma crônica ou de outro gênero literário é o/a professor/a propor uma epígrafe, uma dedicatória ou uma ilustração, a partir da qual os estudantes devem escrever um texto literário, de maneira que o elemento textual sugerido se torne um paratexto para as obras literárias produzidas.

Produção de e-book

O/a professor/a pode sugerir que os estudantes, em grupo, elaborem um *e-book* de poemas, de contos ou de crônicas. A temática pode ser livre ou indicada pelo/a professor/a, a partir dos conteúdos que estão sendo trabalhados em sala de aula. Vale salientar que o *e-book* pode ser editado em algum programa de edição de textos (Word, Libre Office etc.) e, posteriormente, convertido em PDF. De maneira que a versão em PDF seja o produto final. Desse modo, não é necessário que os estudantes dominem nenhum programa profissional de edição de texto.

É importante que o/a professor/a reflita, com os/as estudantes, sobre a presença da literatura no mundo digital, bem como as possibilidades e as transformações trazidas pelas novas tecnologias para a literatura.

Ademais, é fundamental que se discuta todos os elementos (paratextos) que compõem o *e-book*, como, por exemplo, capa, folha de rosto, epígrafe, dedicatória, sumário, prefácio, ilustrações, minibiografia dos autores, porque um dos objetivos dessa atividade é possibilitar que os/as estudantes notem a importância dos paratextos para a constituição estética da obra literária.

Os *e-books* produzidos podem, inclusive, ser compartilhados com a comunidade, por meios digitais, a fim de que possam ter leitores reais, não sendo reduzidos a apenas uma tarefa escolar.

3.2 Reelaboração de obras literárias

Mais do que simplesmente solicitar que os estudantes reproduzam a obra literária em um desenho, uma peça teatral ou uma maquete, parece-me mais relevante, sob a ótica pedagógica, sugerir que eles recriem a obra literária ou parte dela, uma vez que o processo de reelaboração implica uma posição muito mais ativa e participativa, demandando reflexão e criatividade por parte dos/as estudantes. Nesses termos, seria interessante, também, a discussão com os/as adolescentes para que possam refletir sobre como as reescritas e as retextualizações modificaram ou ampliaram a construção de sentidos da obra literária.

(Re)criação dos paratextos

Solicitar aos/às estudantes para que criem ou recriem alguns paratextos para a obra literária discutida, tais como título, subtítulo, dedicatória, epígrafe, ilustração, capa do livro, orelha, nota editorial, prefácio no qual o/a estudante se colocaria na posição de autor ou de crítico literário, também é uma boa proposta. Esse tipo de atividade oportuniza a consciência da relevância dos paratextos na constituição estética das obras literárias, indicando que os elementos paratextuais não podem ser simplesmente descartados no processo de leitura e/ou de escrita literária.

(Re)criação de uma parte do texto literário

No caso de narrativas ou de textos dramáticos, pode-se sugerir, ao/à estudante, para que desenvolva uma parte da história, acrescentando, por exemplo, alguma situação narrativa que teria ocorrido antes do que foi narrado na introdução, ou, ainda, ampliando alguma parte do desenvolvimento e do clímax, ou continuando a história a partir do final. Ademais, pode-se pedir que o/a estudante recrie alguma parte da história, modificando a introdução, o desenvolvimento ou o desfecho da narrativa. No caso de poemas, pode-se solicitar que se acrescente um novo verso ou uma nova estrofe ao texto literário. Para a narrativa, para o texto dramático e para o poema é necessário enfatizar a importância de que a coesão e de que a coerência sejam mantidas ou ressignificadas.

Transformação em nível do texto

Em narrativas, o/a professor/a pode indicar aos/às estudantes que o texto literário seja reescrito considerando uma mudança em um dos elementos estruturais, a saber, narrador, foco narrativo, personagens, tempo e espaço. Dito de outro modo, o/a professor/a determina que os/as estudantes devem rescrever o texto literário de maneira a transformar um dos elementos estruturais da narrativa.

É importante que o/a professor especifique qual será a transformação a ser realizada, por exemplo, o narrador, que antes era onisciente, passa a ser um dos personagens secundários da história e em 1ª pessoa, levando o/a estudante a imaginar como esse personagem narraria a história e como compreenderia e comunicaria os fatos narrados. Outra sugestão seria o/a próprio/a estudante colocar-se como um/a personagem da história e reescrevê-la, de modo a considerar como a sua presença na narrativa poderia alterar os rumos da história: Quais ações praticaria? Quais diálogos estabeleceria? O/a estudante pode, também, acrescentar algum elemento fantástico à história, como, por exemplo, objetos mágicos, seres sobrenaturais, viagens no tempo ou lugares fantasiosos.

Em poemas, o/a professor/a pode sugerir que os/as estudantes modifiquem determinadas figuras de linguagem, buscando, contudo, manter certa equivalência. Equivalência essa que, logicamente, não será possível – de forma perfeita –, uma vez que quaisquer alterações resultam em modificações no processo de significação. Por exemplo, se no poema as flores são utilizadas como metáforas para se referir à beleza do ser amado, o/a estudante pode substituir as flores por pedras preciosas, uma vez que a relação com a beleza continua a existir, ainda que de outra perspectiva.

É possível solicitar, também, que os estudantes reescrevam a obra literária a partir de uma temática oposta à percebida durante a discussão em sala de aula. Por exemplo, se é um poema sobre amor, o/a estudante, então, recriaria o texto literário de modo que ele se transforme em um poema sobre ódio.

Transformação em nível do contexto

O/a professor/a pode propor, ainda, que os/as estudantes recriem o texto literário a partir de uma alteração no contexto de produção, de circulação ou de recepção. No caso de um conto do século XIX, por exemplo, o/a professor/a poderia partir das seguintes perguntas para motivar a produção textual: Como seria esse conto se ele tivesse sido produzido no século XXI? O que mudaria? O que permaneceria? No caso de um poema destinado a um público jovem e adulto, o/a professor/a poderia levar os/as estudantes a pensarem como seria aquele poema se ele tivesse como público-leitor crianças do Ensino Fundamental I.

Transformação em nível do gênero textual

Sugere-se, também, que, a partir de uma obra literária, sejam propostas mudanças de gênero textual, preservando, contudo, o conteúdo da obra literária. Essa transformação pode ser de um gênero literário para outro gênero literário ou artístico, como, por exemplo, um conto para um cordel, uma novela para um teatro, um romance para uma história em quadrinhos, um poema em verso para uma poesia visual, um poema para um grafite (nesse caso, os estudantes poderiam usar a lousa e os gizes como se fossem muro e *spray*, respectivamente). É possível, também, transformar a obra literária em um gênero textual que, nas práticas sociais, não pertence, normalmente, ao universo literário e artístico, como, por exemplo, uma notícia, uma propaganda, um tutorial, um meme, um bilhete, uma declaração ou um requerimento.

3.3 Produções textuais a partir de obras literárias

Conversas sobre obras literárias

Como o diálogo é aspecto fundamental do letramento literário, o/a professor/a, após discutir uma obra literária com os/as estudantes em sala de aula, pode propor que se faça um *podcast*, um *talk show* ou uma entrevista, nos quais se converse sobre aspectos fundamentais da obra literária em questão. Nessa interação, os/as estudantes podem estabelecer um diálogo com pessoas reais, realizando-o entre si ou convidando outros para participarem, ou, ainda, podem assumir, ficcionalmente, outra personalidade, como, por exemplo, o escritor, o editor ou um crítico literário, o que implicaria uma pesquisa acerca das informações que essas *personas* poderiam ter sobre a obra literária em discussão.

Outra possibilidade para essa construção ficcional do diálogo seria os/as estudantes encenarem, caso seja uma narrativa ou um texto dramático, alguns personagens da história ou, no caso da poesia, o sujeito poético ou alguma *persona* mencionada no poema. Desse modo, eles ganhariam vida para além do texto literário, a ponto de poderem ser entrevistados pelos/as estudantes. É possível, ainda, que a encenação se realize com possíveis leitores, como, por exemplo, um senhor idoso, um cantor, um praticante de yoga, possibilitando que os/as estudantes tenham de supor como esses leitores poderiam interpretar a obra literária em estudo.

O/a professor deve orientar também os/as estudantes sobre a importância de se realizar uma pesquisa sobre alguns aspectos da obra literária, a fim de elaborar um roteiro que possa conduzir a discussão de maneira mais organizada.

Uma atividade de produção textual instigante seria pedir para que os/as jovens escrevam uma carta, um e-mail ou uma mensagem via WhatsApp, simulando uma conversa com o/a escritor/a, com algum personagem ou com o narrador/sujeito poético da obra literária discutida em sala. Nesse diálogo, o/a estudante poderá comunicar suas impressões, suas indagações e seus comentários sobre o texto literário em questão, contribuindo para que se perceba mais próximo ao universo literário.

Palavras-chave para a obra literária

O/a professor/a pode estabelecer uma ou mais palavras-chave para a obra literária, a partir da roda de conversa realizada como procedimento de leitura literária, ou, então, valer-se das palavras que constituíram a nuvem de palavras, o campo associativo ou o mapa conceitual, caso tenham sido elaborados para a roda de conversa. Com essas palavras-chave, o/a professor/a solicita que os/as estudantes façam um acróstico ou um verbete de dicionário, levando em consideração o sentido que tais palavras-chave podem assumir no texto literário. Por exemplo, qual seria a definição de mulher no poema "Com licença poética", de Adélia Prado?

Cuidando da vida do outro

Uma sugestão de produção textual seria os/as estudantes inventarem uma "fofoca" sobre um personagem, no caso de narrativa ou de texto dramático, ou sobre o sujeito poético, no caso de poema. O texto pode constituir-se de um diálogo entre dois amigos, criando a situação comunicativa adequada ao gênero "fofoca". Nesse sentido, vale indicar que nos parece interessante trabalhar com a criação de diálogos, em que o/a professor/a determina uma situação comunicativa na qual aconteceria a interação, de modo a destacar para os/as estudantes aspectos do contexto, dos interlocutores, dos objetivos que pautam o diálogo etc.

Ao encontro com a realidade

A literatura permite-nos refletir sobre valores ideológicos, sobre práticas sociais, sobre relações de poder e sobre condições de vida, bem como sobre comportamentos e sobre discursos que constituem a realidade social. Desse modo, o/a professor/a pode propor que os/as estudantes produzam uma reportagem ou um minidocumentário. Os/As estudantes poderão, assim, buscar informações por meio do contato com pessoas que vivem as experiências representadas no texto literário.

Seria interessante que se discutisse a função e o poder da mídia na sociedade contemporânea e, sobretudo, o modo como se espera que um jornalista se porte, durante a elaboração de um texto jornalístico, uma vez que os estudantes assumirão essa posição e precisarão estar conscientes das responsabilidades implicadas. Ademais, o gênero textual escolhido precisa ser trabalhado em sala de aula, para que os/as estudantes notem aspectos fundamentais de seu funcionamento em termos de escrita, de objetivos e de circulação social, principalmente por meio da leitura de textos que foram efetivamente veiculados na esfera social[29].

É preciso orientar ainda sobre as estratégias de abordagem das pessoas, bem como de coleta de dados para a produção de estatísticas ou de depoimentos sobre vivências significativas para a temática do trabalho. Especificamente, a reportagem pode ser enriquecida com infográficos, com fotos, com *podcast* ou com pequenos vídeos produzidos pelos/as próprios/as estudantes, ex-

---

29. A orientação de discutir o gênero textual em sala de aula também é válida para outras propostas de produção textual, em especial para os gêneros textuais com os quais os/as estudantes não estejam familiarizados com o processo de escrita.

plorando a multimodalidade da linguagem por meio da interação entre a escrita e a linguagem visual, auditiva e audiovisual.

A reportagem ou o minidocumentário podem ser publicados em sites de notícias, nos canais de comunicação digital da própria escola ou em outras instâncias possíveis, a fim de que os textos produzidos tenham leitores/telespectadores reais. Caso se opte pela publicação, é indispensável a autorização por escrito das pessoas envolvidas ou dos responsáveis, bem como a preservação da identidade, por meio da utilização de nomes fictícios, caso os participantes, assim, desejem. Vale ressaltar, ainda, sobre o respeito aos direitos autorais, pois os/as estudantes não podem, simplesmente, colocar imagens e/ou vídeos que tenham retirado da internet em seus trabalhos.

Assumindo um posicionamento

Após uma reflexão crítica sobre os aspectos sociais, culturais, históricos e/ou políticos que uma obra literária nos convida a perceber, o/a professor/a pode sugerir que os/as estudantes assumam um posicionamento críticos sobre tais aspectos da realidade por meio da produção de um artigo de opinião, de uma carta aberta, de uma nota de repúdio ou de um manifesto. Uma alternativa interessante é criar uma situação comunicativa, na qual os/as estudantes suponham ter sido convidados/as para fazer um discurso a um determinado grupo de pessoas, sobre o assunto discutido a partir da obra literária, como, por exemplo, na Câmara dos Deputados, em uma manifestação política em praça pública ou em um evento científico.

Agora é lei

Após a roda de conversa sobre a obra literária, o/a professor/a pode sugerir que os/as estudantes escrevam uma lei ou um artigo de uma lei, considerando os aspectos discutidos na leitura da obra. Qual lei seria necessária de ser sancionada e promulgada para lidarmos melhor com a experiência humana indicada pela obra literária em questão? Seria muito enriquecedor se o/a professor/a promovesse uma discussão sobre os trâmites para elaboração de leis no Brasil, a função das leis na organização social e os contrastes entre as determinações previstas em lei e a execução da lei no interior da vida social.

4

Mais sugestões para o letramento literário escolar

4.1 Problematização sobre a historiografia literária e a periodização da literatura

São recorrentes os apontamentos críticos de que o estudo da Literatura, por meio de escolas literárias, é problemático. No entanto, predominam a abordagem historiográfica e a periodização da literatura tanto no Ensino Superior, nos cursos de Licenciatura em Letras, como na Educação Básica, mais especificamente, no Ensino Médio. Para Luiz Costa Lima[30], a História da Literatura continua, ainda, a ter tamanha estabilidade nos estudos da Literatura porque, entre outros motivos, (i) apresenta uma solução para o problema da

---

30. LIMA, L.C. "Uma fortuna problemática: A História da Literatura no Brasil". In: MOREIRA, M.E. *Histórias da Literatura*: Teorias e perspectivas. Porto Alegre: EdPUC-RS, 2010, p. 126.

definição do que é literatura, ou, mais especificamente, aponta quais obras poderiam ser consideradas como literatura; e (ii) metodologicamente, a História se torna um instrumento de compreensão e de análise dos fenômenos literários, de modo que a História da Literatura não indicaria, apenas, o que estudar, mas, também, como estudar a Literatura.

Uma das justificativas apresentadas para não se restringir o ensino de Literatura, exclusivamente, ao estudo dos estilos de época é a de que os movimentos literários são, demasiadamente, esquemáticos e que a produção literária, por sua vez, constitui-se de uma complexidade muito maior do que a que possa constar no quadro sintetizador de características gerais dos movimentos literários, resultando que as obras literárias (ou, pelo menos, grande parte delas) não se encaixam muito bem na sistematização estabelecida a partir do conceito de escola literária.

Falar em "História da Literatura Brasileira" implica determinados conceitos de História, de Literatura e de Brasil que podem ser mais bem compreendidos quando temos em vista que a História da Literatura, como disciplina, surge no final do século XVIII e que, em certa medida, os estudos de abordagem mais tradicional perpetuariam em seus fundamentos o pensamento que foi predominante nesse momento.

Na historiografia literária tradicional, empregada na escola, a História é concebida como uma sucessão de fatos, organizados, cronologicamente, em uma linha do tempo, a partir dos princípios de objetividade, de totalidade, de neutralidade e de relações de causalidade. Sob a influência das propostas do Romantismo, a literatura é pensada, sobretudo, como a expressão da cultura de um povo e, por isso mesmo, considerada patrimônio nacional de significativa relevância para o estabelecimento da identidade nacional. Desse modo, a concepção de Brasil é fundamentada na ideia de nação e, consequentemente, no projeto ideológico de formação do Estado brasileiro, que é um projeto machista, racista e classista. Não é sem motivos que predominam, em nossas Histórias da Literatura, escritores que são homens, brancos e de classe média.

Juntamente com a ideologia nacionalista, a historiografia literária tradicional carrega as marcas do nosso passado colonial, uma vez que a periodização da literatura brasileira se configura como um saber eurocentrado, pensado a partir do referencial europeu, mais especificamente, as literaturas portuguesa e francesa. Grande parte dos livros didáticos apresentam, inicialmente, um determinado movimento literário conforme seu desenvolvimento na Europa e, em seguida, no Brasil. Opção essa que, ainda de maneira sutil, sugeriria que a literatura, no Brasil, seria uma cópia de obras literárias europeias e que a vida literária em nosso país não fazia mais do que espelhar e imitar o que acontecia na França e em Portugal em termos de literatura, colocando nossa cultura literária na posição de dependência e de subordinação à cultura europeia.

Logicamente, há uma influência decisiva das literaturas europeias na produção literária brasileira até, pelo menos, o final do século XIX e início do século XX. Entretanto, no âmbito da História da Literatura, utiliza-se a divisão em escolas literárias conforme proposto para as literaturas francesa e portuguesa, a fim de sistematizar a literatura brasileira. Fica parecendo, dessa maneira, que nossas obras literárias precisariam caber em "caixinhas", as quais não foram pensadas para nosso conjunto de obras.

Como enfatiza Maria Eunice Moreira, a escola é parte fundamental da manutenção da função ideológica da História da Literatura, visto que "a história da literatura viria a ocupar um lugar de destaque entre os mecanismos de elevação das nações, razão pela qual ela imediatamente passa ao terreno das escolas e se firma junto aos bancos escolares das primeiras às últimas letras. A associação entre história da literatura e escola remonta à sua fase original e justifica-se a razão pela qual a escola torna-se, assim, a patrocinadora da história da literatura"[31]. Nesses termos, repensar a presença da História da Literatura na escola não é apenas uma questão metodológica, mas, sobretudo, política.

Outro aspecto a se considerar é a naturalização da sequência de estilos de época (Quinhentismo, Barroco, Arcadismo, Realismo-Naturalismo, Parnasianismo, Simbolismo, Pré-Modernismo, Modernismo e Literatura Contemporânea), como se essa sistematização da literatura brasileira fosse um fato, no sentido de ser definitiva e inquestionável a forma como nossa história literária se desenvolveu ao longo dos anos. Essa naturalização camufla a presença dessa sequência na História da Literatura que goza de maior prestígio em nosso tempo, a saber, a *História concisa da literatura brasileira*, de Alfredo Bosi.

É preciso destacar que outras Histórias da Literatura não seguem, exatamente, a mesma categorização utilizada por Alfredo Bosi, como, por exemplo, a *História da literatura brasileira: Seus fundamentos econômicos*, de Nelson Werneck Sodré, na qual não há um grupo de escritores que formariam o Realismo no século XIX, separado do Naturalismo, bem como não haveria um grupo que constituiria o Pré-modernismo no início do século XX. Sodré discute escritores como Machado de

---

31. MOREIRA, M.E. "História da Literatura: Algumas considerações teóricas". In: *Vydia*, v. 21, n. 37, p. 123, 2003.

Assis, Raul Pompeia, Lima Barreto e Euclides da Cunha juntos em um capítulo que se intitula "Interpretações do Brasil", indicando, de antemão, que tais escritores não pertenceriam a uma escola literária.

A História da Literatura precisa ser compreendida como uma narrativa construída a partir de um ponto de vista, sempre impreciso e fragmentário, permeado por aspectos sociais, políticos e ideológicos. Nesses termos, sugere-se a possibilidade de elaborarmos, então, outras construções narrativas que sejam diferentes da apresentada pela historiografia literária tradicional, mobilizando outros conceitos, divisões e categorias.

4.2 Alternativas para o letramento literário escolar a partir da História da Literatura

Se o ensino de Literatura por meio dos movimentos literários é problemático, a solução seria banir, totalmente, a historiografia literária, bem como os aspectos históricos das aulas de Literatura? Não, necessariamente. A BNCC orienta que, no Ensino Médio, seria importante "propor a leitura de obras significativas da literatura brasileira, contextualizando sua época, suas condições de produção, circulação e recepção, tanto no eixo diacrônico quanto sincrônico, *ficando a critério local estabelecer ou não a abordagem do conjunto de movimentos estéticos*, obras e autores, de forma linear, crescente ou decrescente, desde que a leitura efetiva de obras selecionadas não seja prejudicada"[32].

Quando temos uma prática pedagógica pautada na exposição dos conteúdos relacionados a um determinado estilo de época, a obra literária, normalmente, está reduzida a exemplificação de características gerais, tornando sua leitura apenas a verificação no texto literário de aspectos apontados como definidores da escola literária em questão. Nesse caso, o movimento literário, como conteúdo escolar constituído pela apresentação do contexto histórico, da biografia do escritor e do quadro sintetizador de aspectos estético-ideológicos, aparece como o centro da aula de Literatura, enquanto a obra literária estaria, apenas, a serviço da confirmação das tendências do movimento literário.

A proposta para renovação do Ensino de Literatura discutida por pesquisadores e por educadores nas últimas décadas é deslocarmos as obras literárias para a posição central do processo de ensino-aprendizagem, fazendo dos conhecimentos, relacionados às escolas literárias, elementos que contribuam na construção de sentidos para as obras literárias e, não, simplesmente, o conteúdo a ser ensinado, aprendido e avaliado.

Todorov lembra-nos de que "é verdade que o sentido da obra não se resume ao juízo puramente sub-

---

32. BRASIL. Op. cit., p. 514 (grifos nossos).

jetivo do aluno, mas diz respeito a um trabalho de conhecimento. Portanto, para trilhar esse caminho, pode ser útil ao aluno aprender os fatos da história literária ou alguns princípios exultantes da análise estrutural. Entretanto, em nenhum caso o estudo desses *meios* de acesso pode substituir o sentido da obra, que é o seu *fim*"[33].

Com as obras literárias ocupando a centralidade das aulas de Literatura é indispensável que passemos de uma prática de leitura, como verificação de informações preestabelecidas, para uma prática de leitura como construção e compartilhamento de sentidos que se realiza *pelas* e *nas* interações sociais, de maneira que estejamos comprometidos com o letramento literário dos/as estudantes.

Sugerimos, a seguir, uma alternativa de prática pedagógica com a leitura relacionada – procedimento de leitura literária que apresentamos na seção 2.2 –, que confere centralidade às obras literárias sem eliminar por completo os movimentos literários das discussões em sala de aula. Sem que se faça, inicialmente, uma exposição do conteúdo relacionado à escola literária, o/a professor/a divide a turma em pequenos grupos e propõe a leitura de uma coletânea de textos do movi-

---

33. TODOROV, T. *A literatura em perigo*. Trad. de Caio Meira. 8. ed. Rio de Janeiro: Difel, 2018, p. 31 (grifos no original).

mento literário em questão, sugerindo, aos estudantes, que busquem reconhecer alguns aspectos comuns entre os textos literários. Em seguida, o/a professor/a discute com toda a turma as características apontadas pelos grupos, a partir da relação entre os elementos constitutivos do movimento literário e os textos literários lidos anteriormente.

Ademais, pode haver um segundo momento em que o/a professor/a distribui para os grupos textos não literários (como, por exemplo, pinturas que pertencem ao mesmo movimento artístico das obras literárias em questão, reportagens sobre temáticas recorrentes nas obras literárias etc.) para que os/as estudantes possam relacioná-los com os textos literários em questão.

Para além da sucessão de escolas literárias, algumas alternativas vêm sendo apontadas para o estudo da Literatura, dentre as quais se destacam uma organização e uma sistematização a partir de uma seleção de escritores, de obras literárias ou de temáticas. Ao invés de se estudar, por exemplo, o movimento simbolista, pode-se elaborar um processo de ensino-aprendizagem que tenha como elemento balizador a produção literária de Cruz e Sousa, ou, mais especificamente, o livro de poemas *Broquéis*. Outra opção é estabelecer uma temática, como, por exemplo, a vida no sertão, e estudar um conjunto de obras literárias de diferentes gêneros, épocas e autores para discutir a temática escolhida. Vale salientar que, em todas as propostas mencionadas, o trabalho com as obras literárias são o eixo principal do processo de ensino-aprendizagem.

Romper com a linearidade, com a linha evolutiva e com o ordenamento progressivo marcado por uma sucessão de datas é fundamental. A proposta é não começar no Quinhentismo para chegar à Literatura Contemporânea, como quem seguiu uma linha do tempo, mas, sim, estabelecer uma rede de conexões, que avança e retrocede no tempo. Por exemplo, se estamos estudando a rapsódia *Macunaíma*, de Mário de Andrade, podemos voltar ao Quinhentismo e ao Romantismo, bem como considerar a literatura indígena produzida nas últimas décadas para comparar as diferentes perspectivas de compreensão literária sobre os povos originários no Brasil.

Em termos gerais, a sistematização da literatura em estilos de época tende a enfatizar aspectos de diferenciação entre o movimento literário em questão e o anterior para tentar conferir contornos mais bem definidos às escolas literárias, por exemplo, o Arcadismo é caracterizado a partir de uma oposição ao Barroco, produzindo o efeito de uma história da literatura marcada por mudanças sucessivas. Desse modo, sugerimos que a observação de permanências e de rupturas seja privilegiada no processo de ensino-aprendizagem, uma vez que, por exemplo, o Naturalismo é fortemente influenciado pelo romance de folhetim do Romantismo, o que indicaria que há, também, entre os dois movimentos literários, a continuidade de determinados aspectos estético-ideológicos. Mesmo com os rebaixamentos próprios aos romances naturalistas, a passagem de *O cortiço* em que Firmino e Jerônimo lutam por Rita Baiana é, em certa medida, o típico duelo dos cavaleiros pelo amor da donzela.

Ao invés da totalidade homogeneizadora da historiografia literária tradicional, podemos destacar as tensões e as contradições no interior de um mesmo período literário, ressaltando como determinadas obras literárias problematizam o esquematismo do movimento literário ao qual, supostamente, pertenceria. Nesse sentido, *Memórias póstumas de Brás Cubas*, de Machado de Assis, é o grande exemplo na literatura brasileira de romance que se recusa a aderir plenamente ao projeto estético-ideológico de uma escola literária.

Os aspectos indicados, anteriormente, evidenciam o quanto precisamos de um estudo sobre a literatura brasileira, organizado a partir de princípios metodológicos diferentes da historiografia literária tradicional, propondo uma sistematização que nos permita compreender nossa literatura sem ser pela sucessão de escolas literárias. Esse trabalho ainda está por ser feito, o que sugere o quanto a pesquisa no âmbito dos estudos literários pode contribuir para as transformações necessárias no Ensino de Literatura na Educação Básica.

4.3 Letramento literário escolar para além da sala de aula

A sociabilidade em torno da leitura de obras literárias é fundamental para o letramento literário, porque é *pela* e *na* interação social que os sujeitos podem se constituir como leitores. Desse modo, para além da sala de aula, a escola pode planejar determinadas práticas sociopedagógicas que possam potencializar a formação de leitores literários. A seguir, indicamos algumas delas, já muito conhecidas na Educação Infantil e no Ensino Fundamental anos iniciais, mas que infelizmente vão sendo abandonadas no Ensino Fundamental anos finais e no Ensino Médio.

Eventos literários

A escola pode promover alguns eventos literários, como, por exemplo, feiras, festivais, exposições, debates e cafés literários, nos quais os/as estudantes poderão apresentar os trabalhos desenvolvidos em sala de aula ou em outros espaços escolares. Trata-se de uma ótima oportunidade para estreitar os laços com a comunidade externa, sobretudo os familiares dos/as estudantes, convidando-os para prestigiarem o evento e, assim, participarem da vida escolar. Pode-se convidar, também, escritores, ilustradores, editores, críticos literários, pesquisadores e outras pessoas que estejam relacionadas à temática do evento para uma palestra, uma mesa-redonda ou uma oficina, proporcionando outras perspectivas para a discussão da literatura.

Outra possibilidade é realizar concursos, saraus e *slams*[34] entre os estudantes/as para motivar a escrita literária. Pode-se sugerir que os/as estudantes façam uso de pseudônimos, bem como que preparem uma *performance* para, no dia do evento, declamarem os textos literários produzidos. De modo específico, o concurso pode estabelecer um gênero literário ou se dividir em diferentes categorias, de maneira a privilegiar uma diversidade de gêneros literários.

Os eventos literários podem ser ótimas oportunidades para se desenvolver projetos interdisciplinares ou transdisciplinares, uma vez que a própria literatura tem uma grande potencialidade de proporcionar a integração dos conhecimentos, ao lidar com as experiências humanas por meio de uma linguagem construída esteticamente. Não podemos nos esquecer de que a lite-

---

34. Para compreender melhor sobre o que é um *slam* e suas potencialidades no ambiente escolar, leia o texto "O que é slam? Poesia, educação e protesto", de Igor Gomes Xavier [disponível em https://www.profseducacao.com.br/2019/11/12/o-que-e-slam-poesia-educacao-e-protesto/].

ratura, em sendo arte, é uma forma de conhecimento sobre o mundo, o outro e nós mesmos, o que propicia o diálogo com os conhecimentos organizados cientificamente nas mais diferentes disciplinas.

Clubes literários

Clubes literários são grupos que se reúnem, regularmente, a partir do interesse comum pela literatura. Podemos ter três tipos de clubes literários: o de leitores, que se dedicam à discussão de obras literárias escolhidas previamente pelos próprios membros do grupo; o de escritores, cuja finalidade é partilhar as produções literárias dos integrantes do grupo para serem comentadas pelos demais e, assim, poderem crescer juntos na escrita literária; e o *fanfiction* ou *fanfic*, leitores que são muito fãs de determinado escritor/a ou de determinada obra literária ou trilogia (mas também pode ser de filmes, séries, histórias de jogos) e reúnem-se para ampliar a história ou criar outras histórias com os personagens da obra em questão e, normalmente, publicam suas próprias histórias em plataformas digitais – dessa forma, seriam um grupo de leitores-escritores.

Os clubes são espaços que oportunizam o protagonismo dos/as estudantes, para que tenham uma relação um pouco mais livre com a literatura e sem as obrigações inescapáveis do processo de ensino-aprendizagem escolar. Nesse sentido, os clubes literários podem contribuir para ampliar as possibilidades de os/as estudantes participarem de outras práticas sociais de leitura e de escrita literárias, nas quais o sentimento de pertencimento ao grupo e, portanto, de responsabilidade pelo coletivo, possam aflorar.

Uma opção interessante é o grupo ter contas em redes sociais ou em outras plataformas digitais para divulgar materiais produzidos a partir dos encontros do clube literário e que possam incentivar outras pessoas a despertar o interesse pela literatura. Para tanto, podem-se valer de *podcasts*, de vídeos, de fotografias e de textos escritos ou multimodais que possam contribuir com o processo contínuo de letramento literário para além dos muros da escola, no qual os estudantes sejam agentes sociais de fundamental importância na promoção de tais oportunidades à sociedade.

Espaços literários

A escola pode organizar espaços dedicados à literatura, como, por exemplo: o cantinho da leitura, que não precisa, necessariamente, ser dentro da sala de aula[35]; o varal literário, permitindo que os/as estudantes escrevam textos literários e pendurem-nos em um varal

---

35. Agradecemos à Profa. Júlia Ferreira Brandão pela ideia de um cantinho da leitura fora da sala de aula.

para que outras pessoas possam ler; a árvore literária, com poemas ou com pequenos trechos de obras literárias pendurados em uma árvore ou, também, na forma de um varal; o mural informativo, com indicações de obras literárias, incentivos à leitura, informações sobre diferentes escritores, reportagens relacionadas ao universo literário; o mural literário, em que se colocaria um título e, a partir desse paratexto, os/as estudantes iriam escrevendo versos para construir coletivamente um poema ou um miniconto.

A biblioteca é o coração da escola, fazendo pulsar a vida escolar. Por essa razão, deve ter seu valor reconhecido nos planejamentos da escola, como espaço que oportuniza a leitura e o conhecimento, tornando fundamental que esteja integrada aos processos de ensino-aprendizagem das diferentes disciplinas. É inadmissível uma escola sem biblioteca e sem um profissional capacitado para atuar nas diferentes atividades que envolvem esse espaço.

Para que a biblioteca seja um espaço instigante de leitura, sugerimos as seguintes orientações: (i) prepare um ambiente bem organizado, se possível, com mesas para estudo e espaços confortáveis para a leitura (com tapetes, almofadas, pufes) e com uma decoração criativa, sem exageros e de acordo com a faixa etária dos/as estudantes (para ajudar a compor o ambiente, você pode solicitar materiais de divulgação para editoras, tais como pôsteres e marcadores de página); (ii) faça uma comissão responsável pela biblioteca, formada pelo/a bibliotecário/a e com representantes dos/as professores, da coordenação, da direção, dos/as estudantes e dos familiares dos/as estudantes, a fim de mobilizar ações em prol da melhoria da biblioteca; (iii) promova atividades culturais e rodas de leitura na biblioteca, para que os/as estudantes tenham bons momentos de convivência nesse espaço e disponham-se a frequentá-lo; (iv) faça uma estante temática e uma estante com os livros, as revistas e os jornais que são novidades, de maneira que algumas obras ganhem destaque por um determinado período; (v) indique, em um cartaz, os livros mais retirados na biblioteca como uma forma de indicar obras literárias aos/às estudantes; (vi) disponibilize um caderno em que os/as estudantes possam relatar brevemente suas experiências de leitura literária e, desse modo, sugerir a leitura das obras que leram, além de ser um importante documento de memória das leituras oportunizadas pela biblioteca.

Perguntas frequentes

Apresentamos, aqui, um conjunto de perguntas, elaboradas a partir de um formulário on-line, respondido por professores e por professoras de Língua Portuguesa da Educação Básica, a quem agradeço muito pela contribuição. Com as perguntas que se seguem, apontamos, ainda, alguns possíveis direcionamentos para questionamentos e para dúvidas suscitados em relação ao ensino de Literatura.

1) Como despertar o interesse dos/as estudantes pela leitura literária?

Sem a prepotência de apontar fórmulas garantidoras de sucesso imediato, porque acreditamos que a questão não é, necessariamente, chegar ao resultado de que todos os/as estudantes gostem de literatura, mas dar condições para que tenham a possibilidade de desenvolver o apreço pela literatura ao participarem de práticas sociais de leitura literária, podemos indicar que todas as orientações que apresentamos neste material de apoio pedagógico têm por objetivo incentivar a leitura literária.

Entretanto, podemos sugerir mais uma: fazer uma avaliação diagnóstica para conhecer melhor os/as estudantes e atuar de modo mais propositivo, buscando saber (i) se os/as estudantes gostam de ler obras literárias, (ii) com qual frequência se dedicam à leitura, (iii) quais gêneros e temáticas se identificam mais, (iv) se sentem alguma dificuldade ao ler uma obra literária, (v) se os pais são leitores, (vi) se têm livros de literatura em casa, (vii) se frequentam bibliotecas e livrarias, (viii) quais sugestões eles/as – os/as estudantes – teriam para as aulas dedicadas à literatura.

É imprescindível ter em vista que ser um leitor literário não é uma escolha estritamente individual, pautada única e exclusivamente no desfrute subjetivo, mas que se é leitor no interior de uma coletividade, o que nos possibilita enfatizar que a dimensão socializadora pode incidir, positivamente, no processo de letramento literário no âmbito da escola. Desse modo, não podemos acreditar que os/as estudantes não leem obras literárias apenas porque são indivíduos desinteressados que fazem más escolhas. É preciso considerar também o contexto social, as relações sociais e as condições materiais de vida desse indivíduo como fatores que influenciam suas práticas de leitura.

2) Como incentivar o gosto pela leitura literária nesta era tecnológica?

A primeira questão seria não considerar a literatura como "coisa das antigas" e as tecnologias da informação e da comunicação como "coisas do momento". Ao longo do processo histórico, podemos notar o quanto os escritores, os leitores, os editores e os estudiosos de literatura têm uma capacidade singular de renovar as possibilidades de produção, de circulação e de recepção das obras literárias. As bibliotecas digitais, as livrarias e os sebos on-line, as plataformas digitais e os perfis em redes sociais dedicados a discussões literárias ou à divulgação de produções literárias, bem como o surgimento dos *e-books*, dos *audiobooks* e de uma literatura digital, cujos processos de construção estética são pautados nas novas tecnologias, podem indicar que a literatura ampliou suas possibilidades na era tecnológica em que vivemos.

Um dos grandes desafios em motivar a leitura literária contemporaneamente começa com ressignificarmos nosso conceito de literatura, isto é, transformarmos nossa compreensão do que possa ser considerado literatura para estarmos abertos às alternativas que a cultura contemporânea nos oferece, inclusive para elaborarmos posicionamentos críticos em relação a essas alternativas e não apenas aceitá-las ou rechaçá--las de imediato.

Em especial, gostaríamos de destacar que as tecnologias da informação e da comunicação, na atualidade, são marcadas pela interatividade. Por esse e outros motivos, a interação é um fator crucial a ser considerado em nossas aulas de Literatura, para que os estudantes se sintam mais próximos e integrados ao universo literário. Ademais, as formas breves, tais como microcontos, haicais e poemas curtos, podem despertar a curiosidade dos leitores de postagens em redes sociais.

Logicamente, as novas tecnologias estão constituindo determinadas práticas de leitura na tela que se diferem daquilo que a leitura, por exemplo, de um romance do século XIX exige de seu leitor, sobretudo em termos de tempo, de concentração e de modos de ler. Esse processo aponta para uma das funções desafiadoras da escola na contemporaneidade: ensinar a ler no espaço digital e para além dele.

3) Como auxiliar os/as estudantes a escolherem os livros quando vão à biblioteca?

Alguns estudantes podem sentir-se um pouco perdidos na hora de escolher uma obra literária para a leitura. O/a professor/a pode ensinar dois caminhos para ajudá-los/as nesses momentos. O primeiro é conversar com outro/a leitor/a sobre sugestões de obras literárias, para que entre as opções elencadas o/a estudante possa eleger a que lhe agrade mais. Nesse sentido, o/a professor/a pode fazer uma lista com indicações de obras literárias disponíveis na biblioteca, não para que os/as estudantes só leiam as obras sugeridas, mas para que tenham uma referência que possa auxiliá-los/as.

O outro caminho implica ler alguns paratextos do livro, como, por exemplo, a orelha, a contracapa, o sumário, o prefácio ou fazer uma rápida pesquisa na internet sobre a obra que lhe chamou a atenção para ter algumas informações que possam ajudar o/a estudante a decidir qual obra literária escolher.

4) Como trabalhar com romances em sala de aula?

Uma prática comum é o/a professor/a solicitar a leitura integral do romance para uma determinada data, supondo-se que, nessa data determinada, os/as estudantes leram a obra literária. Desenvolve-se, então, uma exposição ou uma discussão sobre o romance e, em seguida, realiza-se uma avaliação.

Diferentemente dessa prática pedagógica, sugerimos que o/a professor/a faça um cronograma de leitura, de modo que se divida a obra em partes: por exemplo, até uma data determinada, os/as estudantes têm de ler até o capítulo 5; depois, até outra data, os/as alunos/as lerão até o capítulo 10 e, assim, sucessivamente – mais ou menos no estilo da pausa protocolada, procedimento de leitura que apresentamos na seção 2.2. A cada parte, o/a professor/a fará mediações que possibilitem aos/às jovens discutirem o romance parte a parte, inclusive colocando suas dúvidas e suas incompreensões, proporcionando condições para que o/a professor/a acompanhe e contribua com o processo de leitura dos/as estudantes.

5) Como trabalhar com fragmentos de obras literárias de maior extensão, como, por exemplo, o romance?

Não é possível pedir para que os/as estudantes leiam integralmente todos os romances que trabalhamos em sala de aula. Por isso, a utilização de fragmentos torna-se frequente nas aulas de Literatura. Embora devamos privilegiar a leitura integral das obras literárias, a escolarização da literatura torna necessário o uso de fragmentos de obras literárias em práticas pedagógicas.

Sobre isso, Magda Soares[36] lembra-nos que não podemos fugir do processo de escolarização da literatura quando se trata de ensiná-la no espaço escolar. A autora apresenta duas orientações muito pertinentes para

---

36. SOARES, M. Op. cit.

o trabalho pedagógico com o fragmento de textos literários: (i) o fragmento deve ter textualidade, devendo, para tanto, constituir-se, por si mesmo, como um texto com começo, meio e fim, com coesão e coerência, bem como com informações suficientes para que os estudantes-leitores tenham condições para construir sentidos; (ii) apresentar, resumidamente, a história para que os/as estudantes possam contextualizar o fragmento na integralidade da obra literária.

6) O que considerar na hora de elaborar questões a partir de obras literárias?

Quando formos elaborar questões para uma atividade na aula de Literatura não podemos perder de vista que o objetivo é o letramento literário, ou, mais especificamente, que objetivamos a construção e o compartilhamento de sentidos para a obra literária a partir do estabelecimento de relações, sobretudo para que se possa perceber as entrelinhas e os não ditos da obra literária, a construção estética da linguagem literária, os aspectos contextuais e as relações intertextuais. É interessante que a questão não seja, simplesmente, uma pergunta, mas que venha acompanhada de um conjunto de informações, que introduza a problemática apontada pela pergunta e, assim, que permita aos/às estudantes situar melhor a questão.

Outro aspecto é que vale o dito popular de que "menos é mais", porque nos parece mais produtivo duas ou três questões desafiadoras do que dez óbvias, que apenas exigem dos/as estudantes a constatação de informações presentes nas obras literárias. É fundamental que as questões oportunizem aos/às estudantes momentos de eles/as próprios/as elaborarem questionamentos a partir das obras literárias, de aprimorarem seu olhar analítico e crítico por meio de uma construção argumentativa, de refletirem sobre si mesmos, os outros e o mundo, sobretudo em suas tensões e contradições.

7) Quem deve escolher as obras literárias para a leitura: professores ou estudantes?

Não acreditamos que o melhor caminho para o letramento literário seja somente obrigar os/as estudantes a lerem obras literárias escolhidas pelo/a professor/a, mas, também, não seria possível conceber atividades em sala de aula em que cada estudante sempre escolha a obra literária que quer ler. Em decorrência da organização do sistema educacional, o mais plausível é termos, na escola, momentos em que o/a professor/a elege as obras literárias que serão trabalhadas e, em outros, os/as próprios/as estudantes.

É preciso considerar, sim, o gosto literário dos/as estudantes quando escolhemos as obras que discutiremos em sala de aula, mas também é preciso não se esquecer que a escola é espaço do conhecimento e, portanto, o/a professor/a deve possibilitar que todos/as tenham contato com outros tipos de literatura que não estão acostumados/as a ler cotidianamente, para que possam ampliar seus horizontes como leitores/as literários/as.

8) Como meu/minha aluno/a vai conhecer os clássicos, se eu, como professor/a, não o ensinar em minhas aulas? O/A estudante pode futuramente ingressar em uma universidade para fazer um curso de engenharia, por exemplo, e depois não ter mais contato com a literatura.

O caminho da aprendizagem é trilhado ao longo de toda nossa existência, pois a vida não cessa de nos oportunizar interações sociais por meio das quais, frente à alteridade, permitimo-nos a aprender com o outro a partir daquilo que nos difere. Ademais, segundo Paulo Freire, "é na inconclusão do ser, que se sabe como tal, que se funda a educação como processo permanente". Como seres inconclusos, estamos em constante movimento de busca e, por isso mesmo, em permanente processo de ensino-aprendizagem.

Nesses termos, o/a professor/a não precisa atribuir apenas a si a responsabilidade pelo conhecimento integral dos indivíduos, que, agora, são seus/suas alunos/as.

Embora, possa contribuir, significativamente, com esse processo. Acreditamos que as informações que recebemos em uma determinada época de nossa vida podem facilmente ser esquecidas com o tempo. Entretanto, se oferecermos as possibilidades para que os/as estudantes sejam leitores/as literários/as, é mais possível que mantenham essa prática de leitura para além da escola do que se recordem de conteúdos estudados.

Mais do que ensinar ou não os clássicos da literatura em sala de aula, devemos perceber a importância de formarmos leitores/as literários/as. Para tanto, podemos nos valer do cânone, mas, também, de *best-sellers*, da literatura de cordel, da literatura negra, da literatura de autoria feminina, entre outros. Há uma diversidade de obras literárias, que, em suas especificidades estéticas, enriquecem a formação dos/as estudantes como leitores/as literários/as.

Referências

ANDRADE, M. *Macunaíma*. 22. ed. Belo Horizonte: Itatiaia, 1986.

ASSIS, M. *Memórias póstumas de Brás Cubas*. 5. ed. São Paulo: Moderna, 2015.

_____. *Dom Casmurro*. 28. ed. São Paulo: Ática, 1994.

AZEVEDO, A. *O cortiço*. 30. ed. São Paulo: Ática, 1997.

BANDEIRA, M. *Libertinagem & Estrela da manhã*. 14. ed. Rio de Janeiro: Nova Fronteira, 2000.

BRANDÃO, A.C.P. & ROSA, E.C.S. "A leitura de textos literários na sala de aula: É conversando que a gente se entende..." In: COSSON, R. et al. *Literatura*: Ensino Fundamental. Brasília: Ministério da Educação/Secretaria de Educação Básica, 2010.

BRASIL. Ministério da Educação. *Base Nacional Comum Curricular*. Brasília: MEC/SEB, 2017 [Disponível em http://basenacional comum.mec.gov.br/images/BNCC_EI_EF_110518_versaofinal_ site.pdf Acesso em 10/12/2020].

BOSI, A. *História concisa da literatura brasileira*. 43. ed. São Paulo: Cultrix, 2006.

BUTLEN, M. "Leitura, Literatura e formação de professores". In: DALVI, M.A. et al. *Literatura e educação*: História, formação e experiência. Campos dos Goytacazes: Brasil Multicultural, 2018, p. 26-51.

CANDIDO, A. "O direito à literatura". In: CANDIDO, A. *Vários escritos*. Rio de Janeiro/São Paulo: Ouro sobre Azul/Duas Ciades, 2011.

COLOMER, T. *Andar entre livros*: A leitura literária na escola. Trad. Laura Sandroni. São Paulo: Global, 2007.

COSSON, R. "O espaço da literatura na sala de aula". In: COSSON, R. et al. *Literatura*: Ensino Fundamental. Brasília: Ministério da Educação/Secretaria de Educação Básica, 2010.

EAGLETON, T. "Introdução: O que é a literatura?" In: EAGLETON, T. *Teoria da literatura*: Uma introdução. Trad. de Waltensir Dutra. São Paulo: Martins Fontes, 2006.

FREIRE, P. *Pedagogia da autonomia*: Saberes necessários à prática educativa. 62. ed. Rio de Janeiro/São Paulo: Paz e Terra, 2019.

_____. *Pedagogia do oprimido*. 17. ed. Rio de Janeiro: Paz e Terra, 1987.

_____. *Educação como prática da liberdade*. Rio de Janeiro: Paz e Terra, 1967.

KLEIMAN, A. *Oficina de leitura*: Teoria e prática. Campinas: Fontes, 2016.

LIMA, L.C. "Uma fortuna problemática: A História da Literatura no Brasil". In: MOREIRA, M.E. *Histórias da Literatura*: Teorias e perspectivas. Porto Alegre: EdPUC-RS, 2010.

MOREIRA, M.E. "História da Literatura: Algumas considerações teóricas". *Vydia*, v. 21, n. 37, p. 121-129, 2003. Santa Maria

(RS) [Disponível em https://periodicos.ufn.edu.br/index.php/VYDIA/article/view/471/457 Acesso em 05/09/2020].

PAULINO, G. & COSSON, R. "Letramento literário: Para viver a literatura dentro e fora da escola". In: ZILBERMAN, R. & RÖSING, T. (orgs.). *Escola e leitura*: Velha crise; novas alternativas. São Paulo: Global, 2009.

PRADO, A. *Bagagem*. 2. ed. Rio de Janeiro: Nova Fronteira, 1979.

RAMOS, G. *Vidas secas*. 23. ed. São Paulo: Martins, 1969.

RAMOS, R. *Circuito fechado*. Rio de Janeiro: Record, 1978.

SOARES, M. "A escolarização da literatura infantil e juvenil". In: EVANGELISTA, A.A.M.; BRANDÃO, H.M.B. & MACHADO, M.Z.V. (orgs.). *Escolarização da leitura literária*. 2. ed. Belo Horizonte: Autêntica, 2011.

SODRÉ, N.W. *História da literatura brasileira*: Seus fundamentos econômicos. 5. ed. Rio de Janeiro: Civilização Brasileira, 1969.

SOUSA, J.C. *Poesia completa*. 2. ed. São Paulo: Ediouro, 2002.

TODOROV, T. *A literatura em perigo*. Trad. de Caio Meira. 8. ed. Rio de Janeiro: Difel, 2018.

XAVIER, I.G. *O que é slam? Poesia, educação e protesto* [Disponível em https://www.profseducacao.com.br/2019/11/12/o-que-e-slam-poesia-educacao-e-protesto/ Acesso 05/09/2020].